CB074573

não
sonhar
flores

Ida Vitale

não sonhar flores

Tradução
Heloisa Jahn

roça nova
EDITORA

SUMÁRIO

nota da editora 13

TREMA 17

tarefa **21** | erro calculado **21** | as flechas **22** | dízimo **22** | troca **23** | última noite de um ano qualquer **24** | no dorso do céu **24** | o deus visível **25** | mar de dúvida **26** | se cegas **26** | nenhuma saga **27** | fortuna **27** | rua **28** | últimas vontades **30** | bogotá, 2001 **30** | oaxaca **31** | milagres naturais **32** | novas certezas **33** | sonho virtual **34** | depois de uma noite estrelada **34** | gralha morta **35** | da pouca memória **36** | escala descendente **37** | trivoli **38** | cancela **39** | miramentos **40** | o acervo **41** | no portal escuro **42** | plataforma **43** | cirurgia preventiva **44** | viagem de volta **44** | explicação quem sabe **45** | parágrafo interrompido **45** | perspectiva curiosa **46** | privação **47** | café de milão **47** | clausura **48** | novas obrigações **49** | no ar **49** | minar o muro **50** | agradecimento **50**

PROCURADO IMPOSSÍVEL 51

soltar o melro 57
série do sinsonte **58** | soltar o melro **60** | capitulações **61**

imagens do mundo flutuante 63
pomba **64** | mariposa, poema **64** | quero-queros **65** | colibri **65** | maçã **66** | rios **67** | vidro **67** | eucalipto **67** | março **68** | cômodos **68** | casa **69** | casas **70** | estilos **71** | sol tão tênue **72** | imagem do mundo flutuante **73**

tropelia 75
o dia, um labirinto 76 | a frincha no ar 76 | destinos 77 | calendário 77 | demônio do meio-dia 78 | voo 79 | reiterada liturgia 80 | a palavra infinito 80 | equação 81 | quase concerto 81 | parvo reino 82 | a vida vulnerável 82 | janelas, única paisagem 83 | peixe na água 84

jardins imaginários 85
clinâmen 86 | a mesa escura 87 | desconforto 89 | memória 89 | deriva 90 | aliança com a névoa 91 | luz 92 | montevidéu 92 | o cotidiano 93 | vertigem 94

arder, calar 95
exílios 96 | canto quieto 97 | atadura 97 | casulo 98 | leitura 99 | originalidade 99 | arder, calar 100 | anel redro 101 | o tino inútil 101 | a mentira 102 | uma criança, um sonho 102 | maelstrom 103 | cenote obturado 103 | saudação do ferido 104

teimosia do ausente 105
teimosia do ausente 106 | passa a morte e fica 106 | dois pobres 107 | botânica 107 | loureiros 108 | sicília 109 | san miniato 110 | japão 112 | londres 113 | salisbury 114

presenças 115
para octavio paz 116 | lendo jaime sabines 117 | a álvaro mutis 118 | para maría inés silva vila 119 | avó 120 | avô 121

a voz cantante 123

SONHOS DA CONSTÂNCIA 129

parvo reino 133
parvo reino 134 | estilo 136 | justiça 137 | dúvidas, sempre 137 | étimo: última thule 138 | composição com símbolos 138 | resídua 139

termos 141
caos 142 | relâmpago 142 | de escorpiões 143 | fumo 143 | borboletas 144 | fazer azul 145 | prado para orfeu 146 | canina 147 | neve 147 | memória de um jardim 148 | incêndio 149 | canção 150

| montevidéu – nota bene 150 | cemitérios 151 | enterro de efraín huerta 152 | em memória de carlos real de azúa 153

trama da persuasão 155
escuro 156 | pergunta pela coisa 157 | de tigre o salto 157 | gaiola de dores 158 | fração própria 159 | aclimatação 159 | destino 160 | ao alvo a seta 161 | descanso 162 | fronde do picumã 163 | tédio do tempo 163 | despertar 164 | história 165 | elvira madigan 165 | onettiana 166

ato de conciliação 169
trompas de caça as lembranças 170 | a substância pela sombra 170 | "não chores em vão tua fortuna" 171 | uma eternidade e depois 172 | negar as águias 173 | "deixávamos um anjo" 173 | na infinita sombra constelada 174 | não dizem, falam, falam 174 | a sombra do plátano 175 | atalho 176 | dias de sísifo 177 | oh barcas, tudo é exercício de beleza 177 | um fragor e a morte 178

OUVIDOR ANDANTE 179

signos de letrado 183
a palavra 184 | a batalha 184 | quadro 185 | valores 185 | contra enganos 186 | seguro de morte 187 | esfinge rainha 188 | retórica do sim 188 | do medo como denominador 189

pálidos signos 191
o silêncio 192 | escapatória 192 | reunião 193 | sala dos professores 194 | pálidos sinais 194 | escrito mensal 195 | disco de festo 195 | visão do privilégio 196 | juiz e parte 196 | ouro é tempo 197 | intempérie 198 | conclusão e relâmpago 199 | término 199

razão suficiente 201
pássaro, começo 202 | o gesto 203 | despedida 203 | se escolhe 204 | ofício 204 | mês de maio 205 | instrução 205 | vertigem 206 | cerro san antonio 206 | renascentista 207

para descer à terra 209
guerra noturna 210 | amanhecer do só 210 | para descer à terra 211 | recreativa 211 | poscênio 212 | a ponte 213 | cidade velha 214 | última

mesa 215 | naturalismo 216 | mulher com cachorro 216 | neurose 217 | mnemosine 218 | a história não esquece 218 | presunções 219 | capítulo 221 | as armadilhas 222 | fuga, ressurreição 222

CADA UM EM SUA NOITE 223

este mundo 225 | quase vida 226 | quando é noite 226 | tarefas diárias 228 | o inútil 229 | cercado alheio 230 | passo a passo 231 | culpa e corolário 232 | a ponte 233 | o avesso da vida 234 | fim de fênix 235 | impaciência 236 | janela sobre jardim 237 | o fiel 237 | mistérios 238 | a vara fere a pedra 239 | tudo é véspera 239

PALAVRA DADA 241

cânone 244 | as vozes 245 | festa própria 246 | primavera armada 246 | chuva de primavera 248 | dia acabado 249 | impaciência 250 | estar só 250 | hora nossa 251 | dormir à noite 251 | agosto, santa rosa 252 | o poço 253 | ar inimigo 254 | perguntas 255 | aniversário 256 | encontro e perda 256 | sobrevida 257 | mudanças 258 | fim de festa 259

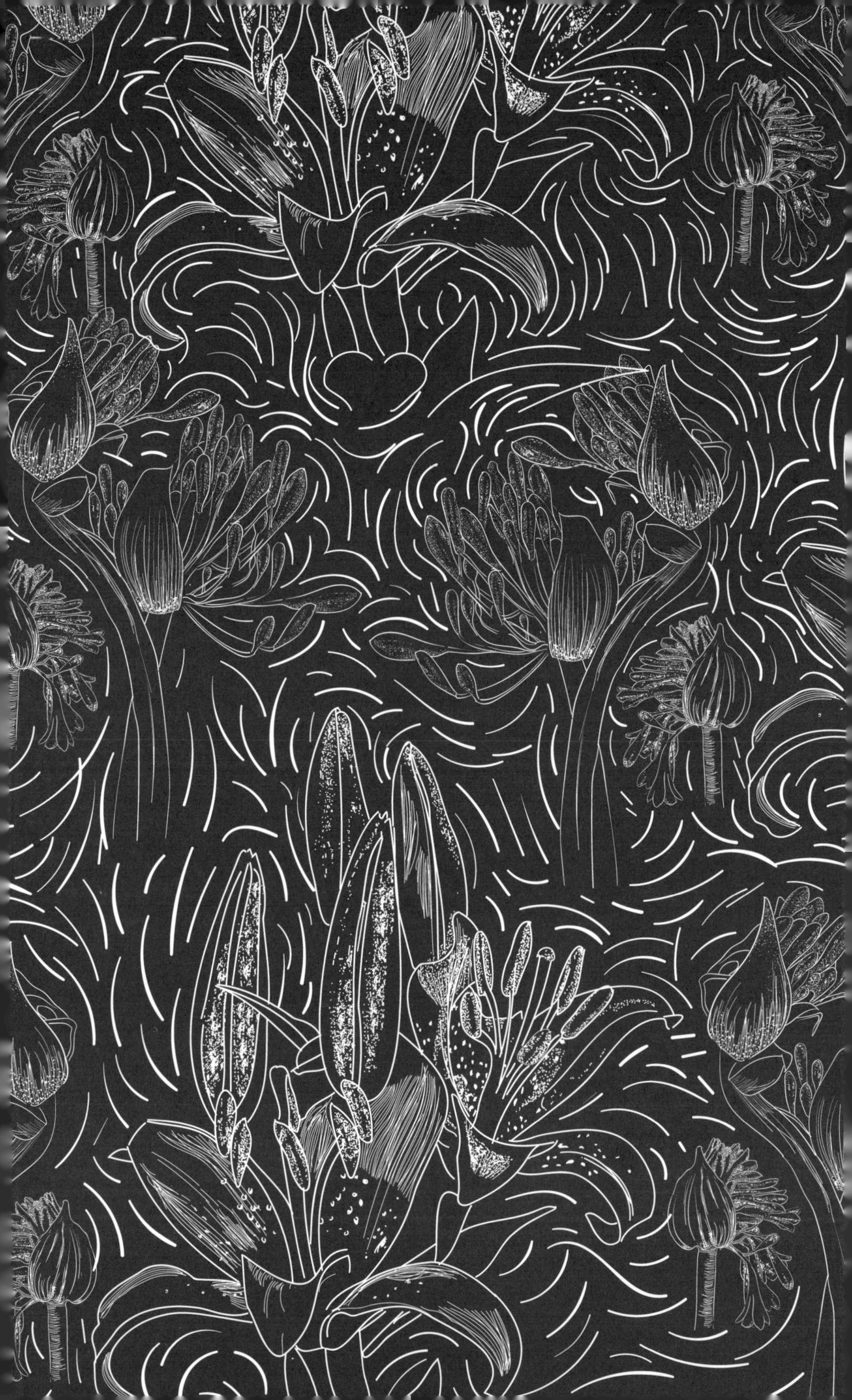

NOTA DA EDITORA

Ida Vitale é uma das maiores poetas da língua espanhola. Seu primeiro livro de poesia, *La luz de esta memoria*, foi publicado em 1949 e a converteu em uma das figuras centrais da chamada Geração de 45, no Uruguai, que reunia poetas como Mario Benedetti, Idea Vilariño, Juan Carlos Onetti e Ángel Rama, entre outros.

Também ensaísta, Ida Vitale escreveu sobre a poesia de Manuel Bandeira, Carlos Drummond de Andrade e, principalmente, Cecília Meireles. E o encantamento aqui é de mão-dupla: em uma conferência proferida em 1956 na Sala do Conselho da Universidade do Brasil, intitulada "Expressão feminina da poesia na América" — que resultou em um ensaio publicado em 1959 —, Cecília incluiu a jovem poeta entre as mais importantes do Uruguai e comentou alguns de seus poemas.*

Inédita no Brasil até agora, Ida Vitale ganha esta primeira antologia — traduzida por Heloisa Jahn —, que reúne seis livros, seis "poemários" originalmente organizados pela própria autora à época de suas publicações. Procurando apresentar ao leitor brasileiro um panorama dessa vasta vida poética, selecionamos

---

* MEIRELES, Cecília. "Expressão feminina da poesia na América". *Três conferências sobre cultura hispano-americana*. Rio de Janeiro: MEC, 1959. pp. 61-104.

um livro por década — e gostamos de pensar que se trata apenas de um primeiro volume.

Os seis livros que compõem esta edição e as datas de sua primeira publicação em língua espanhola são: *Trema*, 2005; *Procura de lo imposible*, 1998; *Sueños de la constancia*, 1984; *Oidor andante*, 1972; *Cada uno em su noche*, 1960; e *Palabra dada*, 1953. E é assim mesmo, em ordem cronológica inversa, que os livros aparecem na antologia; ao gosto da autora, que, nas antologias de seus poemas que ela própria organizou, indicou ser essa a maneira correta de proceder. Foi o caso de *Sueños de la constancia*, onde compilou sua poesia desde 1949, iniciando o volume com os poemas mais recentes e inéditos e terminando com os dos primeiros dias.

Para a presente tradução, nos baseamos na antologia espanhola dos poemas de Ida Vitale, intitulada *Poesía Reunida*, publicada pela Tusquets, em Barcelona, em 2017. O volume "recompila todos os livros de Ida Vitale nas edições e antologias que a autora foi afinando e podando ao longo de quase setenta anos", e ainda alguns poemas inéditos — à ocasião da edição espanhola —, reunidos no capítulo intitulado "Antepenúltimos".

Também nos baseamos no contato direto com a autora, a quem agradecemos imensamente por acompanhar com seu ouvido agudo, seu olhar afiado e sua energia inesgotável os passos desta edição brasileira.

O poeta colombiano Álvaro Mutis disse, certa vez, que invejava o leitor que se inicia na obra de Ida Vitale, pois "um prazer insuspeitado o aguarda". Só podemos desejar a Ida Vitale as boas-vindas e ao leitor brasileiro que se surpreenda, que se deleite e desfrute da leitura desta imensa poeta.

Laura Di Pietro

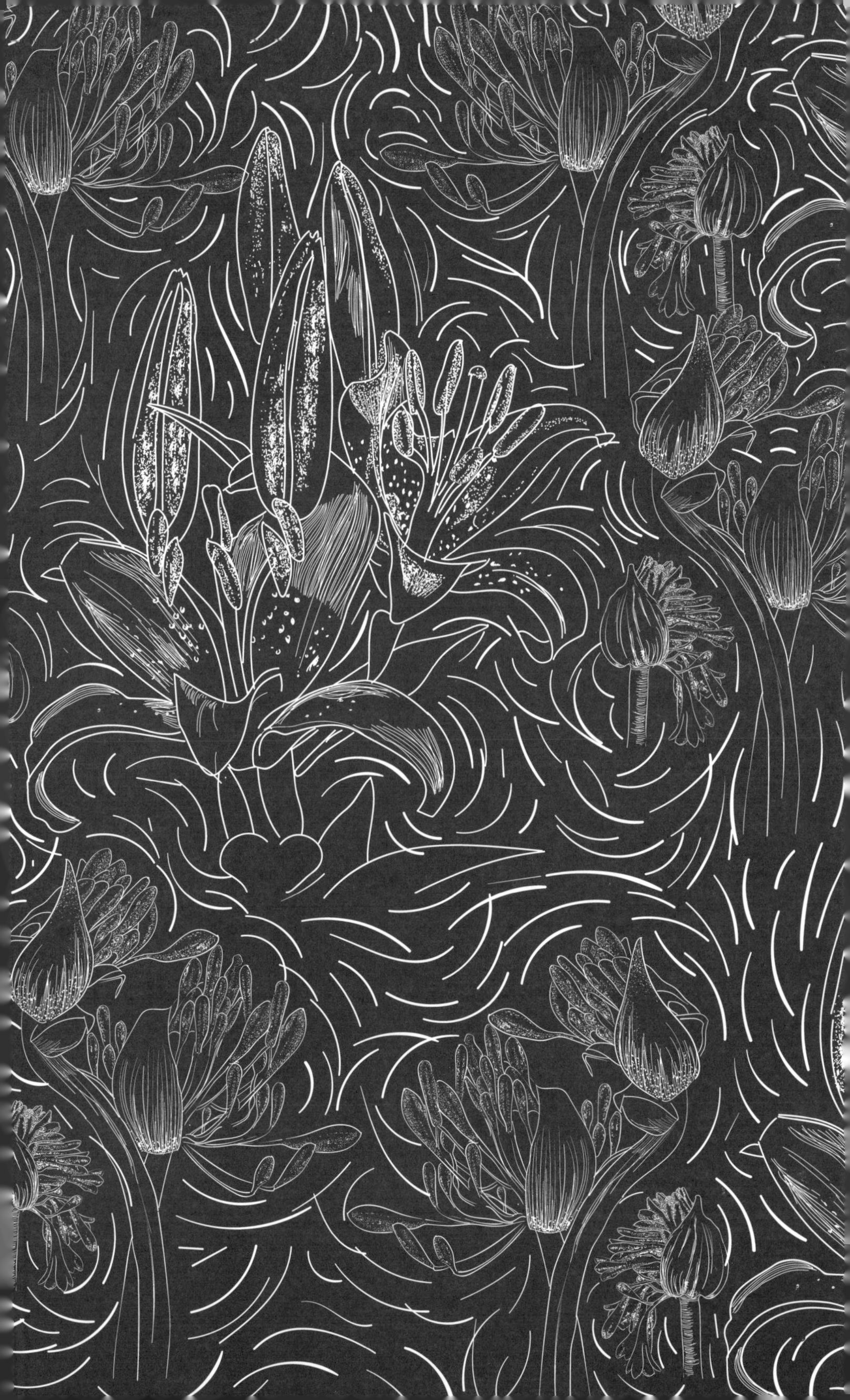

TREMA

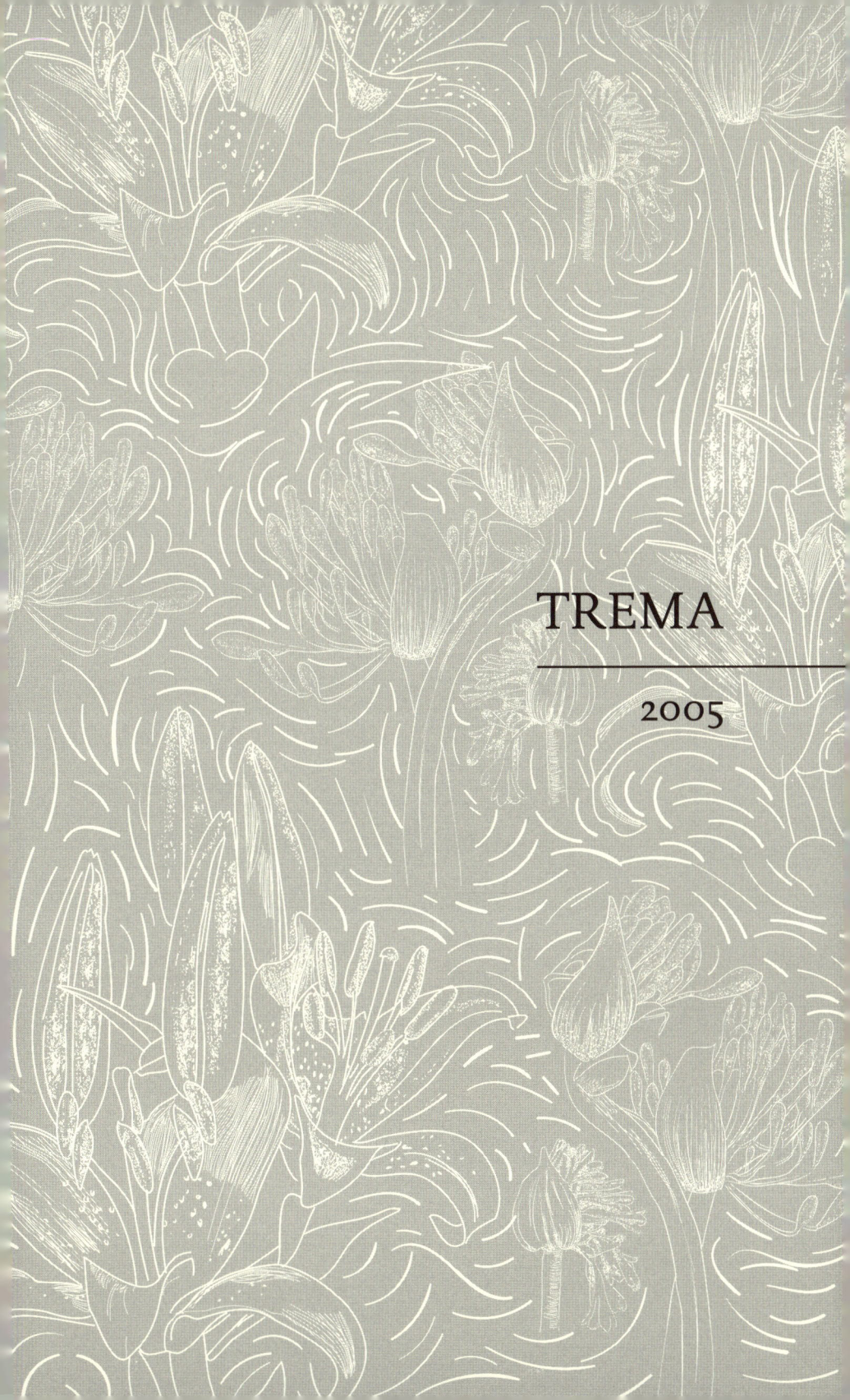

2005

On peut faire le sot partout ailleurs, mais non en la Poésie.

MONTAIGNE, *Essais*, Livre II, chap. XVII.

Je peux me consumer de tout l'enfer du monde
Jamais je ne perdrai cet émerveillement
Du langage
Jamais je ne me réveillerais d'entre les mots.

ARAGON, *Le discours à la première personne*, 4.

Escribir sin la angustia de escribir.
Escribir la certeza
           de un árbol infinito.

2001

... libro que guarda la piel perdida
de las horas, restos de lo improbable,
la voz que mordisqueó palabras,
las tragó y fue envenenada por ellas.

TAREFA

Abrir palavra por palavra o páramo,
abrir-nos e olhar para a significante abertura,
sofrer para lavrar o ponto onde está a brasa,
e em seguida apagá-la e mitigar a queixa do queimado.

ERRO CALCULADO

Palavras de mar profundo
a cada instante sobem para morrer
às centenas, contaminados peixes.
Umas às outras não se ajudam,
temem o risco, morrem.
Não sabem o que sabem.
Quem as ama e acolhe
liberta-as do silêncio
que as deixa entre olvido
e magia encarcerada?
Se arrisca a mais perigo?

Um sopro vaga pela tarde.
Segue a leve leva:
que teu entusiasmo
não se renda ao retido canto.

AS FLECHAS

Assistir a essas frases disparadas
como ditas por seres
que numa praia falam sós,
certos de que ninguém os ouve
(e arderia a água
ao aceitá-las ou refutá-las)

Que se cruzam
como num vento de deserto,
sem demora cobertas pela areia
que as imobiliza.
E ficam na franja
das charadas a resolver
na última tarde,
quando já o sabias e assim ardem as velas.

DÍZIMO

Na hora da rajada ímpia,
seta o perfil,
faca o breve fulgor,
ponteiro dos minutos, lança.
A primeira palavra a distrair-se
flameja sob o raio
e se deixa quebrar, ávido vidro.
Tudo espreita.
Não está farta a memória
de jurar a não reincidência?

TROCA

Dez horas: parente pobre
do aguerrido meio-dia.
No meio das plantas brilha
um olho de vidro ou breve
pássaro veneziano.

Num átimo nasce o diminuto
ou invisível, mínimas flores,
brotos de folhas e ainda
o ácaro horrendo.
Isto aqui.
Talvez agora um corpo
culmine, mina de morte,
no errátil universo.

Sem órbita,
nossa imaginação
troca o áureo por letras,
letras por pó,
voar por lastro surdo,
explosão por silêncio sem canto.

ÚLTIMA NOITE DE UM ANO QUALQUER

Depois do dia limpo,
na esperada noite subiu,
nítido em seu único signo,
o foguetório de júbilo uniforme.
O pequeno clarão roçou de leve
a silenciosa tapeçaria da noite
antes de morrer,
como apartado, também ele
da distante festa.
Aspirava a estar só,
tão seguro de si?

Toda esperança é mórbida?

NO DORSO DO CÉU

Não é casual
o que acontece por acaso:
um fragmento de nada se protege
do não ser, se entretece
de signos, impulsos,
sins e nãos, atrasos e progressos,
traços de geometria celeste,
coordenadas velozes no tempo
e algo ocorre.
Laços que nos parecem tênues
são óbvios para o que não vemos,
e nós de janela aberta

de onde voa o tecido branco
coberto de figuras.
Mas chamamos acaso
nossa imaginação insuficiente.

O DEUS VISÍVEL

Já havíamos nos despedido do sol
e de repente abre uma janela no céu:
entre dois retalhos de nuvens
aparece em cor frágil,
com uma luz diferente.
Algo se deu por trás dessas cortinas.
Quem sabe avisa que amanhã
não o esperemos?
Que o ozônio que aumenta
fará dele inimigo?

Não naufragues ainda.
Três toldos amarelos
desmentem avarias da fé.
Que também sobre ti
recaia essa bênção,
outra esperança.

MAR DE DÚVIDA

Fitar a fruta, o mar com olhos de deserto,
o desvario com olhos de surdez,
o passado como o vulcão suas estrias de lava
e do futuro sua suspensão de infância,

quando uma sabedoria assombrada
adiantava penas
e a única indiscutida certeza da vida
seria ousar a luz:

que alguma vez haveria
paz na rede,
não um mar de dúvida.

SE CEGAS

Se céu, se azul, se cegas,
sob um sol de sóis,
silêncio.
Distantes nuvens coloquiais fingem
o arabesco imprevisível
que a vida impõe em tua vida.
Não antecipes mais sonhos, olha
distante, esse pássaro alto, convexo,
que busca outro limite, sombra.

NENHUMA SAGA

Nenhuma saga outorgará palavras
à criança não nascida
porque sua mãe trespassada jaz,
nem ao aterrado mudo,
sem treino ante o tanque tenaz,
nem ao cego que tateia na noite da fumaça.

Ardem os bosques e delira o deserto
e o rio lácteo para sonhos noturnos.
Nem árvore de frágil música
compensará a tragédia do sempre subjugado,
secreta como centro de brasa.

Mas nunca haverá uma para o obtuso triunfo.
Uma vez mais,
a derrota há de chamar-se honra,
mesmo encoberta pelo rufar do triunfo.

FORTUNA

Anos a fio usufruir do erro
e de sua emenda,
ter podido falar, caminhar livre,
não existir mutilada,
não entrar, ou sim, em igrejas,
ler, ouvir a música querida,
ser na noite um ser como no dia.

Não ser casada por negócio,
medida em cabras,
padecer o governo de parentes
ou legal lapidação.
Não desfilar nunca mais
e não admitir palavras
que ponham no sangue
limalhas de ferro.
Descobrir por ti mesma
outro ser não previsto
na ponte do olhar.

Ser humano e mulher, nem mais nem menos.

RUA

> *Por fin había dado con una calle de un solo minuto...*
> JACOBO FIJMAN

Não deu palpite.
Seria um jardim,
queriam-na praça forte.
Nada espera de ninguém.

Com os ramos ao ar
levemente movidos
dá um adeus silencioso
a quem passa e parte.

Sul e norte não vão
ao encontro com o vago
destino da rua,
frota de paralelas.

Nominal criatura,
sabe guardar fantasmas,
vozes que se esfumaçam
sem que o olho as abra.

Aterrada, de costas,
a rua se desdobra
na outra que flutua
entre poças e céus.

Sim, primavera chega,
mas a gris bem sabe:
seu assento profundo
não pode dar-lhe flores.

Não pode, não, não pode?
E o passo com amor,
pesares sós que em ti
se plantam, nada podem?

ÚLTIMAS VONTADES

Terão levado o caixão de Sá-Carneiro
no lombo de um burro ajaezado,
vistoso, como o suicida quis?

Já sabemos que o salgueiro,
o tal, famoso, não é achável.

E ninguém espera que se erga
o monumento que relembre as horas,
os dezessete meses em que Akhmátova
esperou pelo filho, por Lev,
ao pé de sua prisão em Leningrado.
Porém ficou seu Réquiem,
sudário para mortos sem justiça,
ela exigiu igual essa constância
de tantas mortes sobre uma alma só.

BOGOTÁ, 2001

Sob nuvens esfumadas, sem certeza,
de viés, a chuva cai.
Há flores amarelas e espelhos d'água cinzas
e pinheiros, pinheiros e rebanhos.
Os eucaliptos, os de flor vermelha,
se instalaram sobre a verde, irredutível terra.
Tudo se sabe a salvo em sua própria cor
e espera que pelos ares suba
a rabiola da primavera.

A nada disso importa se a poesia dura.
Será que ela se nutre do silêncio do mundo?

OAXACA

O que é mais:
pombas brancas ou rosas verdes
que brotam da terra
no jardim discreto de Oaxaca?

—

Se só ficasse
no viver e escrever
como peça de alabastro cristalino...

—

A pintura modulava já
seu constante coral
na abóbada branca e dourada
e colorida em que
os Borja se eternizam.
O órgão esperava
apenas que os olhasses.

—

Sobem pelas paredes,
reinam em labirintos,
célibes sempre no cio,
híbridos, bifurcados,
caminham contra o céu,

ousam pernas para o ar.
O animal se pesponta,
se adstringe, cinturado,
diz que é tudo caos,
alucinantes cifras,
cervos, sexos.

Que ninguém seja ingênuo.
A claridade sucumbe
em vermelho, negro, ocre:
cessação e violência.
Por suas bordas, o elétrico
é vertigem e Toledo.[*]

MILAGRES NATURAIS

Na noite de Holland Park,
um fantasma branquíssimo
— arteirices das últimas artes —
dança sem ossos
contra um foco violento,
que acompanha sons
que não ouço.
E nada surpreende
se abres olhos de aceitação
para o que vier.

Então não é milagre

---

[*] Francisco Benjamín López Toledo (1940-2019), pintor, escultor e artista gráfico mexicano.

que de dia, neste mesmo lugar,
venham os pintarroxos
comer nas mãos?
Que estas mesmas existam,
bem dispostas?

Ou a cauda com que se pavoneia
o pavão real narciso
diante de nós que, por estar a olhá-lo,
milagramos?

NOVAS CERTEZAS

Poesia
não bajula a história,
não conta contos,
não dialoga
com mais palavras
que paciência quem escuta.
Não é caricato nem cariátide.
Nunca aconteceu.
Morre, em ar indelicado,
crematisticamente organizada.

Projeto de algum filho
que corre atrás de um pai
cuja voz o amamente?
O trem de alguém com pressa?
Melhor porto deserto,
cais abandonado.

SONHO VIRTUAL

O temporal aventa as cinzas do céu,
retira todo poder
do aquietado no desassossego.
Voou o pássaro que em tua mão comeu
muitos países e ilusões atrás.
Não conduziram o cão abandonado
à porta que o acolheria.
E na ponta da picada nunca aberta,
o campo majestoso não saberá
das árvores que o teriam transformado.
Frescamente assombrada, a morte
percorre seus domínios sem palavras.

DEPOIS DE UMA NOITE ESTRELADA

Não sabia a carriça de Maryland*
que a morte compraria aqui sua longa viagem,
seu voo veloz demais rumo ao calor.
Macho — decreta o colarinho negro —,
teve um coração frágil. Hoje repousa
o agudo bico sobre a mão que o ergueu.

Mal tem peso. O olho diminuto,
que mediu as distâncias, os riscos,
ainda brilha negro enquanto
o mais escuro que enfrentou o envolve,

---

*   Common yellowthroat.

depois das estrelas de sua última altura,
na opaca manhã que lhe oferece a terra.

O que nela cai, se diz,
pertence aos mortos.
Deve esperar assim conforme a lei
onde a tarde não o resseque,
sob algum verde, a chegada
da mesma espécie que o nutriu,
a formiga enterradeira,
cada haste de suas sutis plumas,
quem sabe oferecida a uma alma estrita, única,
que outros sóis buscou e que já não espera.

GRALHA MORTA

Tem um nome a morte
mas o amor de ninguém.
Nada apura e sem mitologias
nem piedade, por todo lugar morde.
Também a tem assim ensinada,
no que pode, o homem.

Encontro a gralha negriazul
— em cada pluma intacta
o minucioso tornassol —
cerrados os olhos sempre atentos
e frouxo o colo, em riste
na provocação do amor,
a cauda, esse timão ao vento,

nunca mais singular.
Com admirá-la e condoer-me
levanto sua etérea tumba
e dou um passo, também eu,
para o campo com nome,
sem palavras, sem fulgor de ninguém.

DA POUCA MEMÓRIA

Como perdi o esmiuçado cavalo
nas províncias soltas?

A palpitante vaca, cidadã decantada,
cauda festiva e moscas, toda a sua espuma branca
febril e com perfume, resistindo-me ingrata,
partiu pelos caminhos?

A moeda de bronze do breve rei da Itália
voltou à terra em anos de luzes descontínuas?

Quando o mar, o primeiro, acumulou cor
e a trouxe a mim, ferida do clamor das gaivotas,
ao pé do trem de palha e vento e ouro
e palidez de inverno derrotado?

Perto passavam flechas do assombroso, ao alvo.
Quem me curvava o arco?

Aquele turquesa azul, onde deixou
sua caixa rústica, sua borboleta aberta? Sem cor,
sem doçura, sem vento, um derrotado cinza
antecipa bandeiras de estado de treva.

Contas ao tempo, quantas, tão inúteis
e que imprestáveis ábacos manejo.

ESCALA DESCENDENTE

Às vezes na infância
abriam-se suspeitas de castigo,
uma rota possível
entre salobres penitências:
o mistério da solidão.

A vida, depois,
repete, empobrecido,
seu arabesco e o risca.

Sem indignar-te, mede,
aceita seu revés,
por certo suficiente.
Não há tempo agora
para esperar a face recamada.

Como tuas próprias fábricas,
uma folha, uma flor
de oferenda amiga, sejam,

e o sombrio silêncio
imagina-o abóbada medieval.
Forja-lhe um ritmo.

TRIVOLI

O carrossel, maxambomba, o como
se chamava, o trivoli, chama
que me propunha um cervo, uma caleça,
um cisne e um cavalo encabritado,
o prodígio que girava tão sereno,
que tão sereno trotava numa aragem
com realejo e sinetas, uma aragem
que não movia a cauda do cavalo
dourado e branco, porém um perigo,
perigo de eu cair em pleno voo,
de cair e ficar ali esquecida
do pai, de descer noutro lugar
que não fosse onde subi e ver-me só,
sem nuvens, já sem vento no cabelo,
perdida sem o medo delicioso
de voar com as mãos bem agarradas
a crinas que me soltam e eu argila
que no forno do vento recupera
sua forma quieta, forma do princípio,
de ser sozinha e sem asas.

CANCELA

Cancela de vidro de veneno,
escandalosa espada do anjo
protestante e doméstico.
Sua lâmina talhava liberdades.
A música, as amizades novas,
penavam no retardo do retorno
por imaginárias circunstâncias.

Assim arqueja o peixe em seco:
um indiscreto vendaval
cravava agulhas nos tímpanos,
nos encorajava para dentro;
o ruído, em vez, monstro reptante,
se precipitava para cima,
para a família entediada
desejosa de reparar males.
Tu já não respiravas no ar
mas na mísera consciência
de padecer queixas de vidro
em meio a adultos de madeira.

Andar na viração aprazível,
a intermitente barqueira Maria
livre dos cavaleiros, tão negros
quanto seus duros cavalos velozes
à graça novíssima do alaúde,
estonteados caíam a tuas costas
partilhando tuas culpas imprecisas.
Aí pelas nove o perigo tinha início,

cabisbaixos afastavam sobremesas
e teu mundo evidente e verídico
tinha de ir se deitar e dormir desvelado
derelito entre sonhos inúteis.

A mísera cancela descansava.

MIRAMENTOS

Aquele passado venerável,
alheio ou quase em nada meu,
em uma caixa foi guardado
anos a fio. Onde agora?

Os lentos instantâneos
já procuravam deter o minuto
que o vento bate ou o relógio disciplina:
contra o mar, sobre pedras
que lembram lombos de baleias dormindo,
mãos evitam que grandes chapéus
voem para a espuma,
reforçam os prudentes pesos
de longas saias.
Reina ainda o miramento
secular de uma pose:
cabeça que descansa em uma mão,
cotovelo sobre coluna sem sentido,
à vista o prestígio de um livro
e um painel que fabula.

E há sorrisos, por certo,
entre palavras de amistosa escansão
e crianças anônimas que crescem
nos trajes de tão breves domingos
e alguém herdará seus cárceres de pano.

Esse passado ainda arroja sangue,
rumor pontiagudo
para o qual não há ouvidos celebrantes.
Sobre olvidos de tumba
e desamores que alguns dispuseram,
um perfume embalado.
Como evitar que vire pó sem mais
em minha memória em breve inútil.

O ACERVO

Guardava papéis em branco,
lindos botões de vestidos venturosos,
fotografias de rostos sem os nomes:
salvo-condutos para cruzar a ponte.

Mas dava com o vazio
ou sequências de sílabas atrozes,
nomes com seu rosto perdido,
caquinhos de sensações vagas,
vias sem maravilha,
uma intrusão do enfado
nos sabores da memória.

Lembranças sem cordura,
antigas ou recentes,
íntimas,
  excessivas,
sombrias,
  pendulares,
giravam como dervixes livres

e algo têm em comum:
     são de fronteira adentro.

Não pôde encher de pedras os seus bolsos
e afogá-las,
antes que façam desabar o teto
sobre o banquete da lembrança.

NO PORTAL ESCURO

A tu mesma que roçaste,
a que não poderá chegar a ser
no pouco que resta,
a que quis ter sido
e que uma série de instantes estilhaçados
da vida afastaram
dos sem dúvida sonhos:
qual certa em meio ao incerto?
Não mais senhas: candores
e epiderme mais ou menos exposta.
E um silêncio de gruta
sob o bosque estridente.

Sonhavas no claro enfeitiçado
no centro do enredado escuro,
nos sinais intactos e nos guias
e o portal pura luz.
O tal por onde se voltava
ao começo,
à voz sem fratura.
À feliz, irracional certeza.

PLATAFORMA

Se viste os círculos lentos
e insistentes do gavião,
teme a constância
do gavião humano
no rasante preciso e inimigo,
confia em uns poucos seres
— nada mais doce.
Apaga os outros.
Partir de forma lenta
permite que te abrigues,
na recapitulação da alegria,
do medo não pensado,
ambos em conciliação ritual.
Ama por osmose,
quietíssima.

CIRURGIA PREVENTIVA

A mais difícil cirurgia preventiva:
não ignorar o que perto avança.
E amputá-lo.

VIAGEM DE VOLTA

Regressar é
tornar a ocupar-se
de devolver à terra
o pó dos últimos meses,
receber do mundo
o correio estagnado,
tentar saber
quanto dura
uma memória de pomba.

Também
reconhecer-se
como uma abelha mais,
que é para a colmeia, apenas,
uma unidade que zumbe.
Isso, apenas uma abelha mais,
bem prescindível.

EXPLICAÇÃO QUEM SABE

Alguém se vai para não partir,
para ficar encapsulado
num passado imaginário,
páramo do nunca esquecer.

Pode entender sob outro céu
como um pássaro agradece,
a lenta força do pavio
e a retomada da constância.

Desfeito, extinto, o mentido
uma via do mal se torna,
por onde homens como troncos
largam seus sonhos, só boiam.

Mesmo mortos, muitos são trava,
deuses com doses de veneno.
Mas se conserva num reflexo
um pequeno sol. Sempre-viva.

PARÁGRAFO INTERROMPIDO

Queiram os amigos imaginá-lo completo;
outros, caso prefiram, escasso.
Logo começará o bom sonho
sem a pacificação do injusto?
Sobre almofadas de um eterno outono

terá direito à molície
que sobrevirá mesmo não buscada,
como não a buscou em seu tempo.

Dos desastres da vida
fique seu perdão de si mesmo,
o de verdade, ao lado do outro
que de nenhum sonhante espera.
Em vez de lascas e de borras,
o odor de relvas e de mares
guarde a matéria nos seus poros,
sobre o aroma de rosa alguma.

PERSPECTIVA CURIOSA

Estranheza,
na orla de um campo com espigas
fora do tempo e secas.

Angústia,
no centro de um sonho,
fechado túmulo, a única saída
é para o negro.

E escândalo:
repartem os dedos de tuas mãos,
oferecem-te o fogo deformado
de apenas solitárias lembranças.

PRIVAÇÃO

Longe de escarpas ou cascatas,
de andorinhões sobre a Idade Média,
abre-se a fatalidade da origem:
a fenda que te ofertou pintassilgos
recusa-te clarões de rouxinol.

Pensado, tanto vácuo
atrai a pedra da distância
e o nomear o impossível
não dissolve fronteiras.
A vertigem, engolem-na
uns poucos pardais
famintos, insubmissos,
cor de terra, memória
de um eco não numinoso
que clama sem responder a nada.

CAFÉ DE MILÃO

Essas vozes não erguem colunas:
lojas frágeis flutuam
logo abandonadas.
Ninguém dos que aqui se assentam
sonhou sentar-se à mesa com uma árvore
ou divisou a linhagem das nuvens,
seu diáfano alvoroço.

Este não é espaço de ficar:
não és desta cidade, deste país
nem deste continente que crepita.
Conheces bem a trama:
uma vela indecisa,
tensa há mais de um século,
declarando a opressão inegável
e inventando saudades,
te prendeu a outras paragens,
outras violências, outros prêmios.
A uma história repetida e virgem
que em vão vaticinas.
E lamentas.

CLAUSURA

De todo lado os irmãos partem:
Octavio um dia, Tito no devido tempo
e aqui Laura e Amalia.
A outros os mortos vivos apagaram.
A faixa opaca freme ao ampliar-se
em impreciso esboço
e passa a andorinha solitária
e a tampa do céu arrefeceu
e eu vou andando
talvez rumo ao assombro em que não creio.

NOVAS OBRIGAÇÕES

Terei de fazer uma nevada montanha
deste monte de farinha,

um bosque destas três azinheiras em fila
que olho e estão sós,

uma cascata do jato de água gelada
que minha mão intercepta

e da concessão, um gêiser.

Desconectada, como ouriço sem toca em meio à relva,
terei de proteger-me de tanta ímproba realidade,

alta na árvore do mal-estar,
como macaco que vai perdendo sua selva.

NO AR

Um jardim de gerânios e seu ar.
Junto a sua cerca deixo que paste
o boi que pesa sobre minha língua
e digo: Aqui tu ficas, come
em verde pasto, mas terreno,
e canta, depois, se puderes,
se ninguém estiver ouvindo,
o que resta por não dizer.

MINAR O MURO

Missão do tempo: medir-se com o muro,
miná-lo, desatar suas maciças amarras,
temperar o gume. Vigia tua impaciência:
um suspiro reflui em forma de tormenta.

Um crepúsculo atrás do Batoví
aponta, sangrentamente esplêndido.
Em teu coração deveria haver cinzas:
há sangue, ainda.

Vida: chega com voo ou sarças,
um ramo para o cristal e o sorriso
ou pedregal silêncio. Então, muro.

AGRADECIMENTO

Agradeço a minha pátria os seus erros,
os cometidos, os que se veem chegar,
cegos, ativos no seu alvo de luto.
Agradeço o vendaval contrário,
o semiesquecimento, a espinhosa fronteira de argúcias,
a falaz negação de gesto oculto.
Sim, sou grata, muito grata
por ter-me feito caminhar
para que a cicuta faça seu efeito
e já não doa quando morde
o metafísico animal da ausência. *

---
*   Peter Sloterdijk.

PROCURA
DO IMPOSSÍVEL

1998

Para Enrique, em cuja solidão habito.

Ah…
tan dolorós esforç per confegir i aprendre,
una a una, les lletres dels mots del no-res!

Salvador Espriu

Soltar o melro

Nothing will come of nothing, speake againe.

King Lear

Ni cogeré las flores,
ni temeré las fieras...

SAN JUAN DE LA CRUZ

SÉRIE DO SINSONTE

> ...*and if men should not hear them men are old.*
> E. E. Cummings

I

Iridescente no mais alto de seu canto
entre duas luzes livre celebra, lavra
um elíseo de música na árvore,
o pássaro trocista, o sinsonte de março.

À noite ele somou nossos silêncios,
achou-os foscos, sem centelha;
e então, feito um delfim do ar,
faz sua prestidigitação de aurora.

Vai para o alto com o júbilo de um raio,
afim apenas à própria vertigem,
porém regressa sempre ao tom discreto,
ao negro, ao branco, ao cinza em que se esconde.

Põe sua voz coroa onde bem quer
cimo para entregar-se a calma ou vento,
viração de delícia no deserto
do completo desterro e desalento.

Ele delira sensato em seu fragmento.
Tão perfeito esse diálogo, esse lento
jogo de acompanhar-se e não captar-se
a sós um e outro com seu sonho.

II

Canta eterno o sinsonte em sua árvore
e é orvalho que o sonho refresca,
onda que espuma o pontão ao longe,
irreversível Iguaçu que imagino;

canta o pássaro e cruzamos o vau
— então não se ouve a lousa, a túnica,
risada que atrasa relógios,
relato que circula nos séculos?

Canta o pássaro aqui e entreabre
a fechada, distante janela
para um silêncio que pode ser música
mas não sinsonte. Calhandra?

III

O vasto dia é seu cenário.
Preciso passa, derruba cristais,
violas e flautas, triângulos e troça.

Augura, implora, doa e nunca acaba antes
e faz chover a deliciosa sombra
de que se esquece todo meio-dia.

Apaga pálidas sereias
para entregar *Gato maltês azul*
aos que nada veem e nada ouvem.

Aos entediados sugere que sonhemos,
no espaço de nossa cegueira,
outro lugar, outro tempo passado.

IV

Fala o sinsonte a cada nota:
pintassilgo, pintarroxo, clarim, melro
e para não esquecer o perfeito
alvo sobre o alvor da espuma,
faz um silêncio no qual voa,
só sol e sal, a gaivota.

SOLTAR O MELRO

Falaremos, árvores claras,
depois que o vento houver partido.

—

Arde esse quebra-mar de inundações severas.
O cacique do alto não o impede.

—

Ainda a árvore engana.
Só a música diz um paraíso.

—

O fogo queimou sinuoso o campo.
Hoje sua cicatriz é a língua mais verde.

—

Andar o mais possível sobre trevos.
Tropeçar prova a cercania do céu.

—

Fermenta a luz sobre um cavalo branco.
Os tersos bem-te-vis desenham-se cantando.

CAPITULAÇÕES

Firme em seu fogo
forja fábulas
o inferno.

—

Sagrado era o recinto
onde caiu o raio.
Sagrado o meteorito.
Sagrada, então, a vítima?

—

Cantar a sedução do que é já morto,
o paraíso logo envilecido.
Cantar, com isso, cúmplice,
acatando a cripta?

—

Celebrar esta árvore,
espreitar o oco
que em breve irá supri-la.

—

Contemplar o céu puro.
Em uma história de céus absolutos,
saber que sempre cegam.

—

Velar o nada,
velar como se nunca
veladuras, vexames.

Imagens do mundo flutuante

POMBA

Pousada a pomba
na parede branquíssima
branca é e reverbera,
é deveras,
        é verbo,
nos vinga.
Branca pousada pede,
passageira.

De repente é negra.
        Voa.

MARIPOSA, POEMA

No ar estava
impreciso, tênue, o poema.
Imprecisa também
chegou a mariposa noturna
nem bela nem agourenta,
perdendo-se entre biombos de papéis.
A desfiada, frágil, tira de palavras
se dissipou com ela.
Voltarão ambas?
Talvez, em algum momento da noite,
quando eu já não queira escrever
algo mais agourento quem sabe
que essa escondida mariposa
que evita a luz, como as Venturas.

QUERO-QUEROS

> *"Fie, fie, fie!" now would she cry;*
> *"Teru, teru" by-and-by.*
> RICHARD BARNEFIELD

Quero-queros intantâneos
quero-queros tersos
flagrantes na grama
embainhados em seu aguçado gris
a reboque do grito vão
tresmalhados adrede
quero-queros
quero-queros
tantos
     aqui.
No tremedal onde menos se pensa,
     gritam.

COLIBRI

Breve sol na cerca-viva
um mormaço que estremece
um *ts ts* que no ar ativa
seu perigoso mistério

e no ato a flor se encolhe
perante o prodígio em pluma
que surge e deslumbra e foge
e que só alcanço por suma

teima de anos, em que presa
do feitiço, sigo em vão
a milagrosa destreza
que o suspenda em minha mão

e nisso por um segundo
sentir como pulsa o mundo.

MAÇÃ

Na manhã
um volume avermelhado de paz
é a maçã.

Pareceria uma louca
se voasse
até de seu saber despreocupada.

Andaria pardal
de não querer-se canto em nossa boca
na hora frugal.

Por trás, o sol
se põe tão vermelho quanto
e não maior.

RIOS

Distantes, nesta margem do rio
imaginamo-nos distantes,
na margem de outro rio,
imaginando-nos nesta margem
à espera
        de que baixem
rios misteriosos.

VIDRO

O simples vidro
não fenício, meramente útil,
o frasco rústico reluz,
molhado seu através
como cristal.
É belo, e misteriosa,
enquanto não interceptada,
sua paz.

EUCALIPTO

Palidamente florescido o eucalipto
suporta a sós, em seu lugar imutável,
a chuva.
Vê avançar, de chapéu a tornozelos, amarelo,
o ciclista. Sacode a árvore

sua folhagem febril, sua ramaria molhada.
Como externar seu pânico diante de tanta
intensidade serpentina, amarela?

MARÇO

Março marítimo emana fulgores.
Sumos súbitos entre as copas
brindam pelo mistério
desse tempo vazio de magia
malgrado o intento de prodigioso,
prodigalizante outono.
Nada, senão os modos do sonho,
terá mudado. Nada,
exceto os alívios do olvido.
Condições de luz e de desânimo.
E não há Madagascar incandescente.

CÔMODOS

Manter frívolos saberes
nas corredeiras de um rio,
e saborosas preguiças matinais
enquanto gárrulos pássaros proclamam
a luz que a todos nós concerne?
O paradouro isolado
na intempérie comunal,
a aprumada confiança no socorro

se a sobrevivência afia
úteis garras?
Trememos com o vento
sentimos medo do escuro e alto.
Como esquecer a inépcia lentamente adquirida?
Parasitas do nada
dos cômodos repletos de tudo,
glosamos as cúpulas agrestes,
essa oposta beleza.
Sonhamos com sonhá-la.
Mas, girando num ar de orates
orando para não perder nada
do perverso, vertemos nossa vida
em reparos sem risco.
Sempre no hoje, apenas,
tão de penas tramado.

CASA

Canta esta casa.
À noite dança sozinha?
Quase escondida conta
                uma história ainda humana
que uma lanterna chinesa,
balançando no carvalho suas cores ingênuas,
traça, traduz, enquanto
                suave
a move o vento.
Sua graça é deste mundo
e nos salva dessas flores

sem estações
nascidas sob a árvore do Mal.
Sua luz avança
— imagem que voa quando passamos —
para outro tempo
que dói na alma mudada que a fita.
De seu segredo canta,
                       canta até mesmo diante
de uma estátua de sal desmoronada.
Recompõe-se já alterada,
para outros olhos que a fitem,
                       depois,
diversa em seu mistério.

CASAS

Salas na sombra, cegas, casas sós,
olham-nos pacientes partir,
gravam-nos com sua quietude,
suspensas em umbrais esperam.
Sabem que sempre se volta para elas,
para o silo que seu lugar significa,
mais que para a própria cidade.

(Mas em que noite voltamos? Como?
 Sendo fantasmas, com zelo o adventício
que ambula sem sustento?)

Às vezes, atrás de nós caem.
                    Depois,
   um desenho de pontos
                    prende o balcão ausente
   e visões se debruçam mas já não nos olham.

ESTILOS

Tanto aposento entulhado
e vais por ilimitados vazios.
A tribo, atribulada sem sabê-lo,
comprova sua ideia
da arte
          do espaço
— tão sem paz — e as aspirações ao milagre.

Não contemples a carência,
o triste debaixo do vidro.
Cada moldura propala um céu mínimo,
a apocopada imagem de um bosque,
águas, poentes,
traços, às vezes rostos.
De tudo flui
o involuntário: do cromo rombo,
do bafo das flores de pano desbotado,
de um almanaque submisso ao tempo que virá.
Tudo é mar de tua morte.
Pede um desvio sem deter-te,
a um nada do sim já triste,

admite o espelhismo,
todo fulgor,
do bosque, amém do mar
e entra nesse sonho.

SOL TÃO TÊNUE

Sol tão tênue que mal se deduz
de uma gaze de sombra,
de um levíssimo pio:
                    há aqui uma paragem
que ninguém cobiça,
por ninguém resguardada.
Aponta-a essa nuvem que sangra
sua inapreensível forma.
                    Mas
a nuvem muda de lugar a todo instante,
segue-a,
observa seus agouros,
                    inaugura,
que não chegue o garantido a aguar o gozo
em sua pobre guarida.
E recolhe os ouros
que pagam tua nenhuma cobiça.

IMAGEM DO MUNDO FLUTUANTE

Avança reta a ametista,
                sem rodeios,
dá, cruenta,
        sobre o amaranto carmesim
e cintila no submisso cristal.
Difícil sobrepor-se a esse duplo poente.
Essa vidrada imagem que te cega,
como às vezes o mundo,
aqui, onde nada pode durar,
em breve será flamante ruína.
No ínterim, multiplica runas
de dramático alerta
que chamam de má sorte e dança
da morte
e achas que vais ver teu reflexo ali,
fumo flutuante:

    Duro ser Tântalo. Convém amar?
    Mesmo assim vives o inferno,
    inauguras teus piores augúrios.

Assim que chegue a noite,
uma vez mais fechada, sigilada,
ainda estás, valha-nos Deus,
macerando nesse mesmo álcool
a pupila, pavio da alma
que vê os males que a matam.

Tropelia

among the wolves. Each syllable is the work of sabotage.

PAUL AUSTER

O DIA, UM LABIRINTO

O dia, um labirinto
onde só tens a luz
              por uns minutos.

Te aproximas da mesa que te aturde,
olhas papéis,
              mares que se franzem,
letras confusas,
              folhas de outro outono,
o registro do dia,
              o labirinto,
onde só tiveste luz
              por uns minutos.

A FRINCHA NO AR

Teces a morte, o canto,
Penélope que sabe às cegas
do périplo
            e da rota sem glória
dos passos
querendo morrer nas sereias
cujo canto se dá
enquanto apagas cantos,
à borda de ti mesma,
              do pano
de vida
        que rasgas quando

o silêncio impõe recifes orais,
um rodeio rasteiro:
                retira-te
para a estampa difícil de teu pano assassino.
Esquece-te do canto.

DESTINOS

Seja a paciência a virtude dos desvirtuados
que fitam o poço cego, cegante.
Ali a sombra do idêntico espera
como um tapete de púrpura
estendido para o crime.
Gestos inacessíveis, persuasivas palavras
lhes censuram a única culpa que não têm,
o tempo.

CALENDÁRIO

Em janeiro morremos,
febris de fevereiro,
                frágeis
diante do fátuo fogo frustrâneo
deste tempo.
Nos rodeia o vazio
e nele lançamos nosso grito

    e o som é oco
        uma oca caverna como

            oca oca
e não saberemos se não matamos
uma serpente
que dormia sem culpa.

Nada
ocupa mais lugar de luto
que o eco das profecias.
Enquanto a esperança cava túneis e mais túneis
ele cai como esta voz ou pedra,
clamando
na incompreendida linguagem
        da pedra.

DEMÔNIO DO MEIO-DIA

Arde fevereiro, arde
e o demônio do meio-dia,
balança a cauda para a sesta
e é difícil pensar.
Roçamos de leve margens
de imagens.

Uma adaga pode ser uma adaga
da mente, ali gelada
garra ou adaga,
mácula em todo momento

da mente,
que cava o coração.

Criar então brumas, pradarias,
melros,
      mares da mente,
tão provisórios quanto os reais,
e salvar fevereiro,
espantar seu demônio.

VOO

Rumo a infinitos sobre nuvens
solidão vai, e sua prudência
a indignação e sua cornija
e a obsessão e sua retórica.

A angústia pode nos cegar
sob a roda preguiçosa
que faz a morte aos que espera.
Boia-se então em meio ao pânico,

como este voo encaminhado
em meio a quedas na neblina
      — previsto estorvo —
que levanta enquanto avança,
contra a inércia, por enquanto,
sua obrigação de conduzir-nos
de parte alguma até nenhuma.

REITERADA LITURGIA

Cruza pugnaz por todas as cidades
a familiar rua do luto
cuja cor — as gaivotas, os corvos —
de dentro para fora mana, branca, preta.

Vozes talvez soassem como músicas,
porém mais pode a força negra, branca,
com um calvário de árvores queimadas,
apagar a esperança possível no presságio.

A PALAVRA INFINITO

A palavra infinito é infinita,
a palavra mistério é misteriosa.
Ambas são infinitas, misteriosas.
Sílaba a sílaba tentas convocá-las
sem que uma luz proclame seu domínio,
uma sombra assinale a que distância delas
está a opacidade em que te moves.
Vão a algum ponto do clarão, se aninham,
assim que as abandonas livres no ar
esperando que uma asa inexplicável
te leve até seu voo.

É mais que seu sabor o gosto desta vida?

EQUAÇÃO

Se arma uma palavra na boca do lobo
e a palavra morde.

No movediço fulgor do céu
rumo ao ocaso,
calada encalha; se transforma em brilho,
é Vênus:
        cordeira que incandesce.

QUASE CONCERTO

Tantas argúcias do oboé,
tantos giros em espiral até a cúpula
de um céu que ninguém lhe disputa
— ostentações de hera
ao último sol da tarde —
e quedas até a areia dócil do violoncelo,
não cancelam a inatacável realidade:
o baixo contínuo persevera.

Aqui um concerto
              e nada mais.

PARVO REINO

Não basta o pássaro que
silva em defesa de seu ramo
nem o arco-íris mínimo,
a cauda de pavão real da rega.

Não basta um livro,
o silêncio em que se chega a
transmutar algo em ouro
ou essa coisa que oprime,
                    quase pensamento.

Tua indolência tem a idade
de certas páginas inconclusas
e é esse o teu reino.

A VIDA VULNERÁVEL

Vulnerável, a vida verdadeira,
como um poema a ponto de nascer
                    verdadeiro.
Vulnerável, a vida, cujas arestas,
                        ávida,
    por vezes roçaste,
    vem arejar-nos a nona hora,
    a da alma e do sonho,

     busca repouso em vão naquele ponto.

          O peso que lhe confiras
               na balança última
                    ser-te-á reclamado.

JANELAS, ÚNICA PAISAGEM

1. Se olhas para o alto só verás
   desagregar-se veloz uma unidade
   contra o liso azul,
   lábeis véus a inconcebível distância.
   Verás um rio sem vaus.
   Mais para cá,
            já no átrio
   do escândalo e dos matizes,
   andorinhas sobrevoam
   esse despenhadeiro de janelas.

2. Andorinhas que amam o céu,
   seu compassivo arco, e abraçam o espaço
   e trinam, trinavam naquele tempo assim.

   Será que elas também têm truques
   e tramam contra ti essa tramoia?
   Esquece-as, hoje não é o abismal ontem.

3. E, mesmo assim...
                Olha contra a luz
aqui, a sombra, e lá,
no traço desses válidos voos,
a beleza que, inatingível, fugitiva,
passa. Acredita nela, pergunta-lhe
se em toldos últimos espera.

PEIXE NA ÁGUA

Como peixe na água,
como peixe, só que pensado por Leibniz:

peixe cheio de lago,
                de lago cheio de peixes,
peixe infinito cheio de lagos infinitos,
à margem de um si mesmo infinito.
Aí sim,
        como peixe na água
de um lago
        de outro mundo no qual
    não
        nos
            lacerem
                lagoas.

Jardins imaginários

imaginary gardens with real toads in them

M. Moore

> Volveré a la ciudad que yo más quiero
> después de tanta desventura; pero
> ya seré en mi ciudad un extranjero.
>
> Luis G. Urbina

CLINÂMEN

E voltaremos sempre ao vezo
do clinâmen,
ao risco de afastar-nos do ponto do passado
onde o dardo ainda freme,
para recomeçar.

Será que é avançando o sinal
que se encontra a madrepérola, quiçá
a pérola sem prisões?

Sem pressa derivar,
mesmo que mude de nome o distrair-se
do passar dos anos,
do peso das astúcias alheias
e da anulação
das manhãs.

Claridade, caridade:
tornar a aclimatar-se
                no
                       declive.

A MESA ESCURA

I

Por fim a mesa circular,
mas, trêmula de acaso, a vela.
Fora, indômitas,
as folhagens cortam
arenais planícies.
Sempre será outra parte,
solo,
    céu
e o pulmão do teu peito insuficiente.
Morrerão longe de ti jardins
porque à margem desta mesa escura
escuro poço sem resposta fitas
e vês outro passado
e verás outra morte.

II

Tristeza traz o crepúsculo
— tira-gosto tramontino —
trivial tragédia traz
trunca luz ao atirar-se
— trampolim é a noite,
como esta mesa, escura —
sem estrelas.
Esvaziamo-nos a cântaros.

E é um deslizamento opaco
o que douramos vida.
E destruíram as últimas
árvores da rua.

III

Nasce incessante noite
quem sabe da mesa escura,
centro imperioso agora
de escura, cega vida.
Aproxima a sombra
filosíssimos longes
e elástica percorre
a distância tão breve
de nascimento a nada.
Então torna-se pedra
ou diverge de costas
ou circular delira
ou é imprecisa e ociosa
e fugaz a palavra, fogo
que deveria servir-nos
infinito alimento.

DESCONFORTO

Ir pela rua onde não brilha
nem um sorriso da linguagem,
onde não surge uma só flor
vinda das almas calcinadas.
Os pássaros,
         prova segura,
guardam distância,
                cantam alertas
no desolado confuso.

Arrisca a avenida amarela
na qual o ginkgo se derrama,
através do radiante parélio
dispersado por seus leques,
deixar um sinal de ventura
pulsando no oco de tudo.

O fulgor será varrido.
Como palavra pertinaz
renascerá daqui a um ano.

MEMÓRIA

Dos dias de glória
a memória é espuma
às margens de uma praia onde canta
a beleza que morre, que renasce
pássaro, que se dissolve em céu,

pavilhões de nuvens:
                    Ecúmene varrida
pela cauda de escamas da sereia só,
por fim silenciosa.
Gentil, a eternidade parece frágil,
cede-nos eternidade.
                    Assim, lenda.

Porém, se história, então,
quem sabe seca, quimera monstro,
colapso de cortinas,
chumbo de céu rasteiro,
côndilo em que, até sem querer, nos encaixamos.
O oposto
do que não veremos:
                    planetas que se tramam
ao redor de Fomalhaut,
                    distante estrela.

DERIVA

De repente agitação de diligências,
só que sem zelo,
                    para o céu não nos levam.
Há condutos oclusos, não diletos,
mas malignas condutas,
tarefas mínimas,
marés de mal-estares,
irritadas formigas do verão.
E o manancial de sonhos, o maná milagroso

do exemplo do justo, já esgotado.
As abluções em brancas falas árticas, impossíveis,
tudo impassível quando
a agitação do xadrez inútil da palavra.
Ter paciência, pensar ser esperança.

Ou crer que o belo nasceu uma só vez
daquela espuma?

ALIANÇA COM A NÉVOA

Uma história narcótica empapa
esta cidade suspensa no nada.
Que sonho não se oxida neste inverno,
no qual segregam vozes os silêncios
e a cinza por sua vez abafa as vozes?
A sós estendemos, para que se ouça ao longe,
em meio à retratação dos espelhos,
a inútil lealdade de nossa viagem.
Sumirá num naufrágio sua mensagem.
Tudo é península, para quem sabe,
em seu caminho oculta, hera ou mina.
Não inimiga, aliada seja a névoa.

LUZ

Quanto dura a luz montevideana
      nesta rambla, aqui, onde se inflama
o ar na água do sol.
Onde o vento a torna véu,
fonte evadida, para que nada,
firme firmamento de ilusos
      despenque.

Quanto dura a luz, onde
o sal conserva seu contorno mais duro
      para que no fim de cláusula
volte a claridade com seu clamor.

Quanto dura a luz, quanto
      dura a luz no verão
como se alguém quisesse aqui
      atingir a impossível
noite branca do Báltico.

MONTEVIDÉU

*Límpida fresca e elétrica
era a luz* e o céu leve*
como o final de uma paciência.
Remotíssimas nuvens, nomes,

---

*   Dino Campana (*Canto a Montevideo*).

próxima ao mesmo tempo uma salva
de andorinhas pelo ar
mas em louvor de nada ou ninguém.

Como chegamos a este inútil
marco de março rumo ao nada?
A sedução, não do abismo:
de poça quieta e seus insetos.
Pode o belo ser um vácuo:
o desolado fogaréu
sobre uma terra distraída
do que um dia teria sido.

O COTIDIANO

Do cotidiano entreasco *
saberás no regresso:
     o silêncio,
o espaço esvaziado
para que o pé vacile.

Na volta começa
    a morta
romba disputa hirta
sobre o transpensado
e o pós-morto.

---

* Oliverio Girondo.

Via brumosa borra
a euforia generosa.
Conclama a parir sombra
                    sós,
a prosseguir no silêncio exato
que uma barca
que navega nos séculos
nos mostra.

VERTIGEM

Equivalente a livros que perderam a chave *
esta terra arrasada
                    e que não se sucede,
este mar que se fecha,
                    este sol que sucumbe
e a bruma de alma que se apruma de bruços
quando tantos imãs
renegam seu regular ofício.

A vertigem é o terrível do vácuo.
Os ramos não aceitos
de que o sangue padece
te salvam da oblação sem fruto.

Farás um tabernáculo de tanta senha falsa?
Um Livro há de se abrir em algum ar.

---

* René Char.

Arder, calar

EXÍLIOS

> *tras tanto acá y allá yendo y viniendo*
> Francisco de Aldana

Estão aqui e ali: de passagem,
em canto algum.
Cada horizonte: onde uma brasa atrai.
Poderiam dirigir-se a qualquer greta.
Não há bússola nem vozes.

Cruzam desertos que o valente sol
ou a geada queimam
e campos infinitos sem a fímbria
que os torna reais,
que quase os faria ser de terra e grama.

O olhar se deita como um cão,
sem o suave recurso de mover a cauda.
O olhar se deita ou retrocede,
se pulveriza pelo ar,
se ninguém o devolve.
Não volta para o sangue nem atinge
quem deveria.

Se dissolve, só isso.

CANTO QUIETO

Não importa o deslumbrante sol,
um minuto depois do meio-dia
já é a noite *
que tempos sem fulgor impõem
à duvidosa luz futura.
Revela o mundo pérfidos, absconsos
traços, turva o nítido.
Transbordado o canal,
te abraça impositivo o ímpio
e é árduo
adir qualquer herança.
Escavas em teu privado fim de era:
gela a história cega.
Como ser mais, quando o menos impera!
Guarda na mão então
— talismã, filactérios —,
não um canto rodado:
           um canto quieto
onde acender a alma.

ATADURA

Estrofe, etapa, andaime,
atadura, limitada catástrofe,
mar guardado em colo de montanha
onde decerto cabem,

---
* John Donne

seja como brasa, como pedra seja,
demasias do vivido,
apetências do que não viverás
em rigoroso relicário,
em exigente regulamento.

Em breve saberás se nela nada sobra,
em breve entenderás o que ali falta
para que o céu adentre
o invadido pelo inferno
e se abra, como aroma de jasmim
depois da tempestade,
a voz das conciliações.

CASULO

Quando dizes: *palavras*
que espaço estás fechando?,
quando pensas: *devagar, já vais chegar*
aonde?
      quando num tom de sombra
alguém murmura ao longe:
                  ardes muralhada,
isso ouves, não mais.

             E não do que é feito
esse casulo gélido
que em ti vai se tramando,
áugure exato de eletricidades,
bom condutor e amargo.

LEITURA

Ao silvo das sílabas subia
de sete em sete voos
até chegar a um céu

de sílaba serena,
que resguarda o que sabe que te espera,
sílaba não serpente
na qual a alma sempre
se concerne.

Passa discreta por possíveis mortes,
vacila ante o adusto
olhar do desamor.

Sussurra como água de regato
dócil e temperada,
quando a seu breve braço brevemente
te aferras, se é que alguma coisa
com outra forma do sonhar te engana.

ORIGINALIDADE

Como cantamos
               se cantamos como?

ARDER, CALAR

> *Y ardamos, y callemos, y campanas.*
> PABLO NERUDA

Sem lar, sem cão, sem calado,
calar como precipitar-se,
enquanto arde
a ansiosa festa do efêmero outro.
(Abominável eu de mambo e rumba,
um eu de Rambo
que escala o catavento
da pobre província
e desvaria glórias e gira sozinho,
em seco.
      Sem ver que o vento
                      interrompido
busca outras torres, outras ameias
altas e distantes.)

Então, por que não,
precipitar-se no esquecido,
onde entre rochas ruge o rio
e rajadas repassam a cortiça,
essa seca cortiça do mundo,
em que paramos,
sendo tudo anulado e repetido.
E aquietar-se e com sorte
ouvir no imenso, interior campo,
um dobrar de sinos irmanados.

ANEL REDRO

A tela foi subindo
e estás
na terrível escura zona
ou grau
 ou modo
em que o imóvel e invariável
começa a variar e a mover-se
na direção da maior sombra
e desapareceu a floresta,
não restam flores, fontes,
 filtros,
 magia
e não haverá Parsifal que pergunte:
 onde, o Graal?

O TINO INÚTIL

A deriva há de ter seu rápido.
Tomara chegar a vê-lo,
para ser mais uma, de poucos,
a dizer:
 bem que avisamos

A MENTIRA

Saltam fronteiras de um país
cujo falso centro está em nós
que sabe lá onde estamos.
O norte está no sul,
leste e oeste se confundem,
o sul se perde na bruma
e dentro o mais vivo é a mentira.

Quem não tem um bichinho de mentira?
Quem não lhe faz sua festa costumeira,
o instala em campo imaginário?
Quem não draga ou areja
sua mínima mentira, inócua ou imensa,
e a leva
até onde as aves, as borboletas voam,
verdadeiras, cada uma na sua?

E quantos
vigiam a mentira alheia
enquanto sem malícia os fita
a honestíssima morte.

UMA CRIANÇA, UM SONHO

Uma criança é um campo minado
de belos imprevistos.
Se desse para evitar, ai,
o desvio

que leva ao homem abismo e ao consabido
afastar o cascalho
que vedará a fonte
da graça possível, seu direito.

MAELSTROM

A desgraça amanhece, move o vórtice
o impropério de mineral miséria,
mas, *à chaque fou plaît sa marotte*,
e, tudo acertado, chegas em minutos
como de Mohenjo-Daro a Moholy-Nagy,
todos os mares passam por um mínimo estreito
— que balbúrdia, que morte.

CENOTE OBTURADO

De azinheiras a azedumes,
de vislumbres a vésperas sicilianas
de cada entardecer,
um cenote obturado
                no qual jaz um milagre
entrega aterrador seu terremoto.

Alguém rumina na fonte.
Mas a magia
não é para ruminantes. A magia
como um rio que não passasse de um rio

se alastra de caminho a voo.
A magia não se abrevia em porções voláteis.
Pelo sim pelo não, covarde,
submerjo o olhar, não a mão.

SAUDAÇÃO DO FERIDO

Salve, silenciosamente.
Tu já sabes
que cruzes marcarão teu túmulo,
cruzes que pelo visto já desbastas.
Suas farpas não permitem que tu esqueças
que, como deverias, não morreste.
Sobretudo não te esqueças de não esquecer o que mata,
o que habita tua mente, a mácula:
os abjetos desastres,
os móveis alheios,
as fórmulas imóveis
na inexatidão das histórias.

Um espinho é um espinho é um espinho
e dura muito mais que a precária rosa.

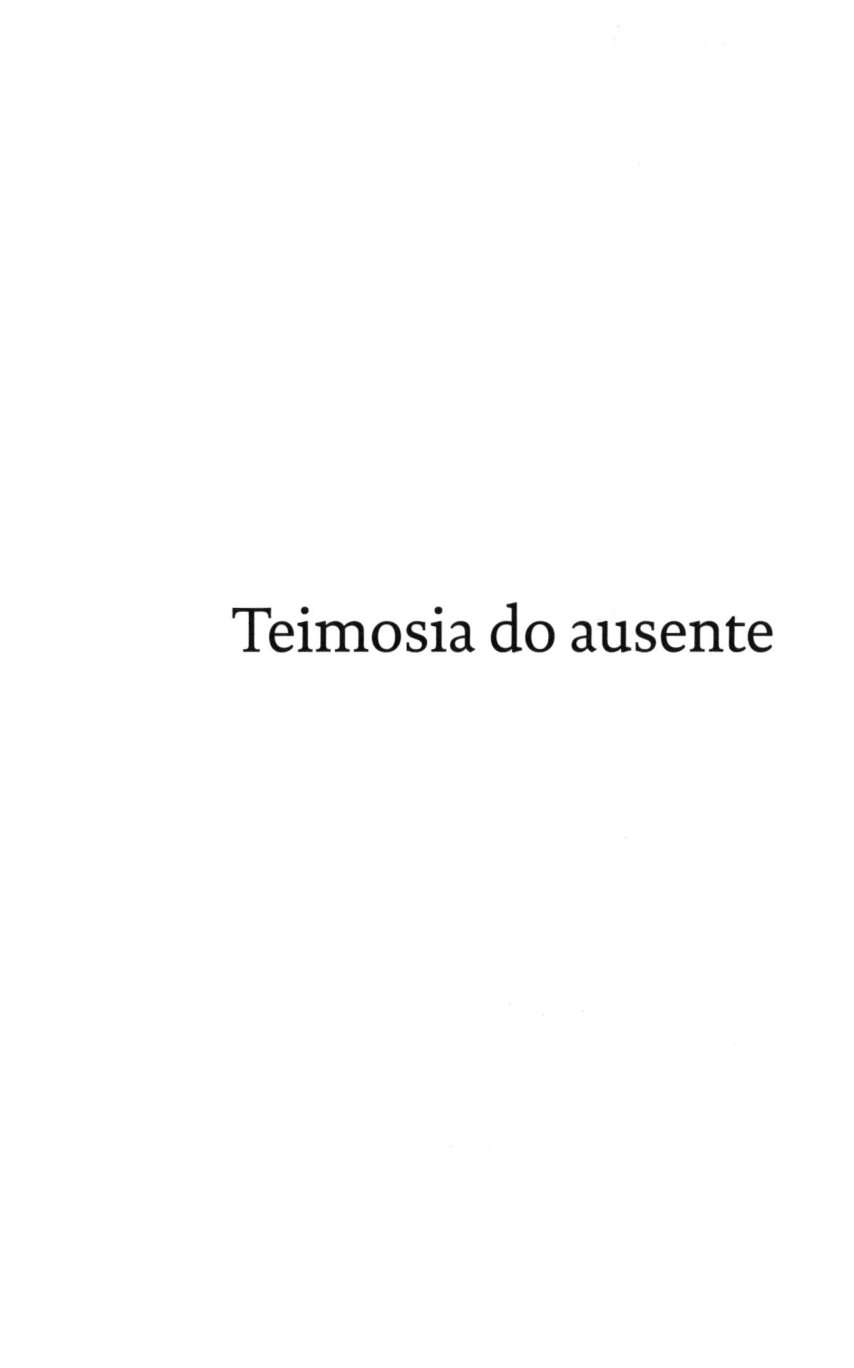

Teimosia do ausente

TEIMOSIA DO AUSENTE

Negro, o perfil das árvores
contra um céu,
                ainda,
de livro de horas.

Um pássaro confere
                        neste anoitecer
a breve história de seu dia,
enquanto
           a luz que acendo
boia
    sobre o vidro.

Como boia a vida,
               no vazio.

PASSA A MORTE E FICA

Palácios sobre tumbas.
Tumbas sobre palácios,
como preces, vida opressa,
ceifada no mais ruidoso silêncio
e barulhos precisos de colapsos.
Bárbaros contra livros seculares.
Toda precariedade é palimpsesto

pálido de irreparáveis chagas.
Como a Sócrates seu daimon me digo:
alguém deveria tocar ainda mais música.

1994

DOIS POBRES

À noite frequentou o sonho
a novaiorquina,
a que dormia numa esquina gélida
farta de manta e de sombrinha.
Hoje vejo o cotidiano vagabundo quietíssimo,
constante sob a ponte,
também oculto em manta à noite.

A todos nós encontrará a morte
em nosso lugar.

BOTÂNICA

Aqui não nasce arruda, nada de matinhos.
Quiçá olaias alçadas ao rosa,
raptados pelo sol nas calçadas sós,
e azinheiras:
           situação de silêncio vegetal

porque nada me dizem ou,
em sua língua morta para mim,
essas esquivas categorias
não sei o que de nosocômio afirmam,
reiteradas e prússicas.
Mas nem um raminho de arruda, repito.
E nem acácias.
                    Quem sabe, a duras penas,
o alecrim, paramento fragrante,
resista nos jardins,
me assista com seu cheiro
de pão de Veneza, de trem rápido
mas com roda presa
na memória para sempre,
como júbilo que não é acerada aresta.

Mas nem um matinho de arruda.

LOUREIROS

Não iremos mais ao bosque,
cortaram os loureiros,
cortaram os ciprestes,
os choupos, os carvalhos,
as compostas palmeiras,
a atinada araucária,
o pinheiro, o eucalipto
depois de escarmentá-los.

Não iremos mais ao bosque,
em lugar nenhum, aonde?,
se o deserto vai crescendo
mais que a erva daninha.

Cortaram os loureiros
o ar, a esperança,
cortaram o possível:
cortaram o cortável,

as nuvens lá no alto,
os rios a seus pés.
Nossa morte se apura
com a morte do peixe.

SICÍLIA

Sicília, a Trinácria,
desconhecida fonte,
de três cabos:
morrerei
sem levar até tua terra
as memórias obscuras,
um oriol em gorgorão pintado,
restos da alma de um familiar combate.
Coisas veladas,
        o caos vislumbrado
com palavras alheias

e a colina,
        o bosque,
a casa de açafrão silenciosa,
dote da tia-avó Grazia,
quando,
        bela como a pedra,
capturou-a o claustro
— longe chorou o irmão —
porque, sozinha, o demônio a espreitava.
Árabes e laranjas
              e canções
                      e ruína.
Chaves para o que as subterrâneas
águas da alma sabem:

o inimaginável
            destino
transgredido.

SAN MINIATO

Toda contrastes,
como vida sem ordem,
porém bela, elegante,
San Miniato no Monte,
      quase
            no ar,
                  bate
seus emplumados mármores

para o céu estrelado
e acolhe os seculares passos
de imperfeitos poetas.

O que a poesia mantém
de mesquinho e perverso,
o exterior que busca o exterior,
fútil glória e aplauso
embora os saiba banais,
exaltou-se aqui,
sob o lavrado teto,
entre colunas que se permitem
a variedade, sob mosaicos
de dourados, flamejantes vermelhos.
Dizíamos, dizíamos,
mas as lousas nomeiam:
Elena Frosini, Enrico Petrai, Adolfo Targioni;
esses podem calar sua história,
porque são, em seu silêncio, eternos.
Como a órbita, que nosso passo ignora,
na qual gira em seu mistério
branco e negro,
o zodíaco.

Pedra, mármore, mosaico, grades, cúpula:
perfeições mais firmes
do que a breve, dependente palavra.
Essa voa um instante e,
como a névoa, cai,
sem chegar a ser nuvem
nem a alimentar os rios.

Não há defeito nas coisas celestes
nem uma mesquinha inveja
que faça com que os deuses se envergonhem
de apresentar-se diante de nós. *

Nós, porém, imperfeitos,
perante essa paz compareçamos
                                        e a toldamos.

JAPÃO

Uma árvore é uma árvore mas é
todas as árvores,
um eucalipto, esse confuso
na confusão do jardim primeiro,
quando ainda não distinguia as diferentes
categorias de seus prodígios,
e essa também, que hoje arde
de flores incendiadas como o sol quando se põe.
E também — não pretendo explicá-lo —
é a imagem mais rubra do Japão que não vi
e que a desconhece.

---

*   Gemistus Pletho.

LONDRES

Para Luis Alberto

I

Cabeça no travesseiro,
vejo um céu alheio, alheada
num maravilhoso sonho breve
com o qual brevemente me transformo.
Eu sou sob outro céu.
O qual contemplo
como por uma fresta sub-reptícia.

Acato travesseiro e sonho?
Quem sabe eu é que estou na mira do Grande Olho
— essa possível amêndoa intermitente ou nada —,
que sabe que não estou onde deveria
e usurpo um imprevisto éden.
Será distante ontem o hoje perfeito.

II

Ser no intolerável hoje
ou percorrer passados como brisa
— quem sabe como bolha que estoura quando a roçam —;
esse jardim onde ao amanhecer ia a raposa
e eu escondia os brilhos
quando o memorável teria sido
que me roubasse em voo
a alvinegra urraca.

SALISBURY

Para Mónica

Sob Bach
        corre um campo de ocre,
arbustos púrpuras,
sobre Bach,
        corvos em ordem se acompassam
ao arrulho do carro.
Nem bem celebramos dos troncos
que aceitassem o musgo
e já o pensamento
        se perde
em labirintos
        de sebes e colinas,
escapa para altíssimas nuvens,
levado por centelhas sucessivas
rumo ao imponderável futuro:
quando este instante for um bem imaginário
nítido apenas
seu tênue presságio.

Presenças

PARA OCTAVIO PAZ

Respeito é olhar para trás,
prosseguir
        na dormente do filão
        por mais ouro,
        por mais sabor no segredo,
de fio em novelo
enrolar o não vão,
o que veio sendo
        forma lavrada,
desde traço,
        partícula inflamada
    ou neve não entendida.

Feliz como pássaro sobre a grama aparada,
como nuvem que avança para sua tormenta,
como verdade que encontrou a si mesma,
        palavra
        é pátria que vela por seus filhos
desde a gênese,
cada nome do pássaro,
os nomes da rosa.

Cruza de norte a sul, profética,
as fronteiras de um corpo.
Transforma as certezas
que esse corpo exsuda
    e as incertezas,
nesse pão verbal que a todos

nós oferece.
   Imersão no que flui
e no que aguarda quieto,
palavra Paz cintila.

1994

LENDO JAIME SABINES

> *Para Julio, com carinhosa lembrança*

Entre cegos, ele sabe
que ninguém fornece luz
como quem treme no escuro.
Sua desmedida, soberanamente,
o pálio
      — como de selva
   ou nuvem sobre vulcão —
que erguem amados seres,
      os mais íntimos,
      e palpáveis fantasmas,
com seu alarme previne
— ou impede —
o sono pantanoso
onde a sorte é jogada.

A que patíbulos nos leva
pelas orelhas,
com bom amor
e aos trancos?

A ÁLVARO MUTIS

Escrever e viver,
entrar no movediço labirinto
para vencer o minotauro
que devora os sonhos;

tal como Yvain, ousar:
ir à fonte e derramar sobre a pedra
a água que desperta
o furacão e a aventura;

como Shaykh al-Akbar,
acreditar que é gozo o que combina
conosco, podendo ser frescor o fogo
no qual arde quem não ganha o paraíso;

estar em paz no distante refeitório,
no calor do cafezal
e no jardim de Hidalgo
com música e amigos, porém só,

tal como no livro está só
a criatura que despachas para a morte.
Entretanto *os deuses foram justos
e no fim tudo está em ordem*

enquanto palavras chegam
e te oferecem sua chave
no páramo de melancolia
onde te salvam Carmen e a infanta.*

---

* Catalina Micaela

PARA MARÍA INÉS SILVA VILA

À porta desse mundo sem depois,
em pálidas, vigiadas escadas,
estamos em vigília, vagos, judiciosos,
sem suposições,
como se ainda esperássemos alguma coisa,
não um milagre.

        Partias
ou já havias partido,
deixando-nos um traço apenas:
        tua estátua deformada
que velam voluntariosamente
minhas lembranças de ti
num jardim do tempo detidas.

Irmã minha na vida,
enquanto percorríamos a órbita precisa,
tantas vezes o mesmo teto nos cobriu
e aceitamos igual escuridão no afélio
com vizinha ironia.

À beira de um mar de infinitas palavras
só de vez em quando aduzíamos uma
para forjar atos de amor ocultos.
E deixamos que ventos domesticados
nos levassem.

Como aquele que dispõe de uma tarde sem fim
para abrir a janela:
        não tem pressa

quem busca a claridade andando para trás,
até sombras primordiais.
Este não é um juízo antidoral.
Tu sabes. Tens,
quase secreta, poderes para mudar tudo:
o mundo não mais o mesmo,
contém nosso luto
                nossa desesperança.

Hoje
és um escândalo
        aqui,
na cidade que pratica o silêncio.

AVÓ

Numa luz esverdeada, entre aromas esverdeados,
num vestido preto como papel queimado,
de sua cadeira de balanço a avó se reflete
no fundo do espelho.
Ali sentada não se embala. Range.
Dela evaporam casamento e casas,
momentos de aflição, os relatados,
secos retalhos que aos poucos deixaram
gosto de sangue na boca da família:
as guerras e os mortos pequeninos,
e os que em seguida de luto a vestiram.
E ainda o amor, caso tenha existido,
a aridez dos anos, a gota de abandono
que inútil feneceu em sua pele seca.

Tudo igual à merenda de todas as tardes,
na hora esquecida.
Foi imune à varíola.
Ignorou a cobiça.
Não viu a conjugal Sicília
nem muitas ruas de Montevidéu.
Durante décadas bastou-lhe uma amiga
e as lembranças de uma Rosário mínima.
Insistia apenas em lembrar do nome
em italiano do pêssego.
Como o sabor, ela o esquecera.
Só que sobre suas saias mornas,
morna dormia outra Verdade oculta
que embalou sua quietude.
A luz sob cortinas de renda melancólica,
por anos a defrontei de outra cadeira de balanço,
sem poder chegar a ela.

AVÔ

Não o conheci.
Mas seu vento escuro
ainda percorria os quartos
como querendo atiçar uma brasa de amor
que alguém guardasse.
Inflamou a casa com seus catorze filhos,
escolheu para alguns
acres nomes fantásticos:
Pericles, Rosolino, Publio Decio,
Débora, Clelia, Ida, Marc'Antonio,

Tito Manlio, Fabrizio, Miguel Ángel.
Quando um filho morria recém-nascido,
o seguinte ocupava seu nome
e assim apagava o luto.

Não o conheci.
Mas talvez, já velho,
tivesse sido brando comigo.
Talvez não me servisse.

A voz cantante

J'entrelace pensif et pensant, des mots précieux, obscurs et colorés, et je cherche avec soin comment, en les limant, je puis en gratter la rouille, afin de rendre clair mon cœur obscur.

Raimbaut d'Orange

1 – Decidiu-se a encrespar o crespo na hora em que a praia se cobria de lisos apotegmas. Não refletiu o que deveria. Estava fora de jurisdição, aclimataram-se jubilosos os israelitas, já agraciados a não semear nem ceifar por sete semanas de anos: sem conta, cinquenta. Será preciso.

2 – Que enrascada! Apareceu o anta! São descendentes de crioulo e china, nova milícia, jovens translatícios quase invulneráveis. Inválida, amém de indo-europeia, mas não interiormente zigomorfa, receberá ithos e pathos em chuva ácida, sem nunca chegar a estar mitridatizada. E para ficar a salvo responderá: *talvez*, involuntária fórmula de cortesia do coração.

3 – Chegou — *sinn fein* — hebdomadário o radomante que hesitava entre o kirieleison e o kuomintang — *timeo Danaos et dona ferentes* — e sem cumprimentar o hóspede descobriu que agora, miserandas, todas as serpentes dormiam espavoridas embaixo da grama, mesmo não disfarçando tanto assim a cor da pele. E o que fazemos com as línguas? Seria preciso consultar o mesmo que viste descalço. Ou Nicandro de Cólofon, acerca de como os homens perderam a juventude em prol das serpentes.

4 – Batalha dos centauros e dos lápitas, lição de coisas. Em marcha para explorar, Pietro Bembo, o Etna! Para recuperar a ciência perdida, o tempo perdido nos rios da Babilônia. Com o pé no estribo, renascer como se se tratasse da pássara vida. Ai, uma Fênix que não seja fenícia e que, persa, não castigue por um único pecado. Alma do Boi, me arrume o paraíso, mesmo eu tendo matado o Fogo.

5 – Orfila afunila para a cozinha vinda da cina-cina. Quer celebrar, recente de resina. Oxília, axila cerúlea, a exime de amontoar-se perto da chacina e acede a designar-lhe um local isento de óxido. Depois se exila. Isso guarda estreita relação com o usurpador Smerdis, um mago sem dúvida oracular que fazia grandes oblações abracadabras com vistas ao trono da Pérsia, de modo que o erudito Heródoto, de Coria, quem diria?, ancilar, erguesse uma ponta do tapete e assim conseguisse incluir o episódio em suas pesquisadas, halicarnássicas histórias. Dispondo de um cavalo, um vaisya e um ksatriya, agasalha-nos com Xerxes e mais Xerxes e no fim Artaxerxes, que a paciência acabou.

6 – Arapucas do ar, arestas, X dessas esquinas em que o desconhecemos. Celebramos o O por ser redondo e achávamos que o ar o era e não, todo o azul se escoou, toda a luz pelos beliscos e ele deixou de ser esfera para a feira, febril de felicidade. É só, desarticulado, o que resta entre paredes paralelas, habitáculos para ninguém, mal paridos, prisões para deixar de fora os pássaros.

7 – O Eu e o ato do Eu se encontraram na areia. Não da arena: da praia. Apostavam ao volante a chave da vida, insatisfeitos voavam, entre a realidade e o desejo. Com toda justiça também participava o mar — a flor azul ele inteiro. Mareado, amargo, esperava a amistosa voz amplificada: "Senhores, não se trata do exterior... Unicamente de nós mesmos... Senhores, pensem o mar... Pensaram... E agora pensem naquele que fez o mar".

8 – Nada é gratuito. Nem o relâmpago. Pagarás cada iluminação, hora após hora dedicada a trabalhos e dias e não verás livro de horas, paisagem iluminada, miniada. Cidade de damas não. Tudo será Jean de Meung. Explodirão minas aterradas para Cristina de Pisano. *Quand le temps sera venu.* Sem que a Donzela chegue antes da morte.

9 – O Aleluia agita suas asas para a esquerda e para a direita, para cima e para baixo, como anjo travesso ou andorinha jovem, e aceita ser Bach, ser Hændel, ser Vivaldi, ser Mozart, felizmente aferrado ao sonho de uma época. Ergueu-se gótico, barroco. Despencará, como tantas coisas, com o sagrado, como o halo daquele anjo na lama da rua?

10 – Fartas as infaustas de cortar fios resolveram tecer: ser construtivas. Apenas alheios fiapos tinham em torno de si, muitos nem sequer cortados com capricho, mas farrapos desgarrados, inserviveis pedaços de estames já incolores. Só do ar dispunham, e não podemos dizer que não seja de segunda mão. Logo começaram a exsudar fantasmas cinzas, trabalhos de bilro, croché, duas agulhas, bordavam, *petit point*, sobre antigas tramas. Agora as vidas são informes, lipemaníacas, malterminadas. Monótonas. Suberosas.

11 – Entre *o poço do silêncio e o enxame do ruído*: abemola, Abenamar, já não a toques que assim é a taça e não encha que não há segunda edição da vida. Depois, será o itinerário eterno. E aí teu Turno terá chegado. — Não, é Dido quem assim corre — se imiscuiu, eneassilábico, Enéas, passando pelo foro, fora de época mas sempre irretocável.

12 – Com que fim utilizar um lábaro, posto de entremeio, como em epêntese, sem que ninguém saiba o que fazer com tal sobrante, em pleno século xx? Quase não havia outro remédio senão instalá-lo num esquife, enviando-lhe um zéfiro que pudesse orientá-lo no rumo de um vergel que na ribeira da praia estava; verbigrácia, foi tentado com o em desuso lábaro uma palingenesia. Mas — *manda ver!* — expletou-lhe um Patrício ao vê-lo passar. E tivemos colisão e naufrágio súbito sem efusão verbal.

13 – A casta do açor são as pombas. A shoshana bíblica não é a rosa mas o lírio. Em que praia algum dia amanhece um sol de justiça? É muito difícil ajuntar sem perda um texto fraturado. Sem falar num pretexto. Antes ir morar por uns tempos dentro de uma pedra, como propõe Oliverio. E aí, se fosse? Mas o tempo é pedra sem fratura possível.

14 – Sucedem-se insucessos. Entre o que oscila e tu, Caríbdis, melhor seria retirar-se pela fossa. Reunido o sínodo, o concílio, sucedem-se uns a outros, sim, não, simples, dão conselhos para chegar a ser soma. E de enlevo em enlevo corre a desrazão.

15 – Nem um agave nem um adarme, nem um polipasto nem, muito menos, um palimpsesto, a cabila praticamente fala por sinais. Proclama que chegou a hora de ninguém. Nada entre duas águas, nada entre dois pratos e muita schadenfreude.

SONHOS DA CONSTÂNCIA

1984

Para Enrique

Parvo reino

Para Amparo e Claudio

PARVO REINO

I

Palavras:
    palácios vazios,
cidade amolecida.
Antes de qual navalha
chegará o trovão
— a inundação depois —
que as desperte?

II

Vocábulos,
vocações errantes,
estrelas que iluminam
antes de haver nascido
ou escombros de prodígios alheios.
Flutua sua poeira eterna.
Como ser sua água mãe,
ainda uma ferida
em que se detivesse,
passar de ermo
            a lavra
com seu abono celeste?

III

Às vezes as palavras
entram num acorde,
as cascatas ascendem,
desacatam a lei da gravidade.
Lua muito poderosa,
a poesia acolhe desoladas marés
e as ergue aonde possam
arriscar-se rumo ao céu.

IV

Campo da fratura,
halo sem centro:
                palavras,
promessas, porção, prêmio.

Desfeito o passado,
sem apoio o presente,
esmigalhado
o futuro inconcebível.

V

Prosa de pressa
para
      servir de matagal
prosa sem brasa,

de bruços sobre
    a página,
não mais vento,
    brisa apenas.
Temer sua turbulência
como o bote temerário
quem não nada.

ESTILO

Passa a vertigem de alheias
corporações emplumadas
para festas ou iras da selva.
Passa o dialeto.
No entanto o alinhavo fundo
da língua lê

em jasmim diminuto ou em areia,
deixa a ebulição tateante
e imagina as simples,
que reluzem,
espumas da última onda.

E se encaixa outra vez
no côndilo,
no exato
        da fatalidade.

JUSTIÇA

Dorme o aldeão numa enxerga de feno.
O pescador de esponjas descansa
sobre sua maciíssima colheita.
E tu, será que dormes, em lenta flutuação
sobre papel escrito?

DÚVIDAS, SEMPRE

Cumprimentar o deus das aberturas,
das solares astúcias,
               na sombra,
se todo signo se interrompe?

Ou, surda, ir atrás de uma lembrança
contra o famélico tempo,
uma enganosa estância,
               a esmola verbal,
por alto prêmio?

ÉTIMO: ÚLTIMA THULE

Étimo: última Thule
rumo a origens mágicas:
barca + oito + boca
é barco, é arca,
rara
    escala
chinesa
a caminho
        de Ararat.

COMPOSIÇÃO COM SÍMBOLOS

Um cesto cheio de neve
com três maçãs encarnadas,
uma nuvem de cristas ao vento,
um homem azul que desce
a escada real de um pinheiro,
uma árvore que oferta espelhos
em vez de frutas azedas,
uma avenida de álamos
que se transformam em espadas,
duas copas com dois sóis dentro
e um polvo de carvão que as revira,
a morte entre espelhos
sem fim, aliterada.
Olhos mudos o veem.
Lábios cegos tentam precisar
tanta deriva.

RESÍDUA

Curta a vida ou longa, tudo
o que vivemos se reduz
a um gris resíduo na memória.

Das antigas viagens restam
as enigmáticas moedas
que pretendem valores falsos.

Da memória apenas sobe
um vago pó e um perfume.
Acaso será a poesia?

Termos

CAOS

Caos
luciferino e livre,
reino do eu,
queima escaninhos,
              de úmidas glórias,
fogo gloriosamente fátuo.

RELÂMPAGO

Entre as ilhas
em si mesmas tão sós
filtra um gume assassino
a aleta do esqualo.

Não chega a persuasão
todo o azul do céu
nem firma temporada
o instante sem caos.

Ah, toda solidão,
se de outro modo
desse fruto,
            ao menos.

DE ESCORPIÕES

Esperou o escorpião
escuro e quieto,
inesperado e quieto,
onde?

Há um instante não estava.
Junto ao talão exposto
se arqueia agora,
enigma para sempre.

Deveria temê-lo,
surgido irmão cruel
cujo signo suporto.

Depois olhei curiosa,
friamente seu cadáver.

FUMO

Não chega a fumaça a nuvem,
não se anula na água,
nos cobre com seu manto,
impõe-nos seu sigilo venenoso.
Aqui reina, perverte;
potestade invisível presa
em si mesma, planta

sua hora cinerária,
mortalha escura que dá corpo ao ar.
Filho meu,
levo-te nas entranhas;
pai meu,
te como;
esposo meu, tu azougas
o espelho em que espero.

BORBOLETAS

Altas,
no reduzido céu da rua,
brincam duas borboletas amarelas,
criam sobre o seriado semáforo
um imprevisto espaço,
luz livre espaço acima,
luz que ninguém olhou,
a nada obriga.
Propõem a distração terrestre,
chamam para um lugar
— paralogismo ou paraíso? — onde
sem dúvida voltaríamos
a merecer um céu,
borboletas.

FAZER AZUL

Azul esverdeado era a cor
de que o poeta gostava.
Mesmo a miséria triste,
o inocente galpão de madeira,
se assim pintado,
era festa
em algum canto do tempo.
Azul-verde do mar,
glauco azul frio
em que a rocha coalha,
aura da esperança
e oposto pensamento da vida
fugaz, em suspenso
por um minuto eterno
em que giram alevinos minúsculos,
caranguejos pequeninos
ao lado de um calhau
que lá embaixo
é ágata.
Entre um azul e outro
a vida inteira passa.
Entre um azul e outro
rajadas encontradas,
destinos não tangentes,
arde o momentâneo.

PRADO PARA ORFEU

Asa toca a música a pele.
Então somos campos da verdade,
cerimônia que sobe
num coral bonito.
Demônio delírio é
ou anjo obsesso que cruza
com sua espada de luz nossos ouvidos
e nos leva de volta, de volta
para o paraíso,
o Eufrates eufônico?

Trombetas seguríssimas descem de Tubal
e cravos houve
e o violino demorado
regressa a um amor da infância,
real de novo como o féretro branco
e o sino.

Todas as chuvas, todas
as que caíram naqueles
recantos, em veredas e destempos
não nos encharcaram
tanto quanto este Nilo,
esta fronteira musical
que a alma
só ganhando cruza.

CANINA

Resoluto, inadiável,
nada mais generoso
que cão alheio
— cão
que alegremente ladra
e te festeja e beija e olha
para guardar tua em breve
nulificada imagem —,

com amor sem angústia
nem censura ou fastio,
grato simplesmente,
pata sobre tua mão,
confiança em céu de outros
— livra-nos de solidão.

NEVE

Mínimos pontos — aguaneve,
cristais — brancos caem.
Este esfrangalhado mundo
põe por um momento
suave decoro de algodões
em sua fábula feia.

Deslumbra uma escama de líquen
verde-cinza no branco.
Deslumbra um ramo sem folhas,

uma folha sem ramo.
Tornar belo o outro
é glória da neve.

A alegria do cão conhece
jogos que o homem deslembra
e natural usa a festa
nova que se lhe dá.
Calam altos os pássaros
como o homem suspensos.

MEMÓRIA DE UM JARDIM

(de A. B.)

Alguém cuidou de um jardim,
criou uma paisagem,
partitura de música
para ver com os olhos,
protegeu as macieiras com ciprestes,
decidiu que uma roseira,
árvore acima,
suba até o topo,
enquanto o vento
algum piar tranquilo move
entre as folhas
e a lagoa desolada.

Alguém cuidou de um jardim,
o sereníssimo,

cuja lembrança, no profundo tempo,
me espreita
como a macieira os ciprestes.

INCÊNDIO

Então estrelas de fogo,
as pessoas ali,
a nuvem que, pálida, irrompe no escuro
do céu e esconde as outras estrelas,
os anjos pardos,
dançantes de elmo lustroso
contra ocasos que voltaram de chofre.
O destruído crepita dourado,
um demônio o oxigênio,
tudo é sarça furiosa
e nela lança o homem
sua cobiça de riscos,
sua variável violência e seu véu de medo.
Como em altar adora,
se purifica, dança,
afastando o perigo.
Este, pouco frequente.
Porque o resto, a morte
— ai Filomela, Flebas —
com ruindade ri do conjuro ignóbil,
do ardil que inventamos.

Mas quem, em usual ocasião,
verá sucessivos incêndios numa mesma rua?

CANÇÃO

Passa minha paz, pomba
depenada,
me olha de fora
da janela.

Refugiar-se em meu peito,
onde a vele,
não sabe que não há teto,
mas intempérie.

Ai de mim se pretendo
pomba, paz.
Quem, eu em guerra,
tu em frio,
há de valer-nos?

MONTEVIDÉU – NOTA BENE

Sempre houve quem
e sempre faltou quando
enquanto pertences, aleluias, aulas
esquecem a lição,
a lambada das postimárias.
Postulam-se precárias precauções
para a nula lite.

Que futuro, pós-escrito rarefeito,
rastreia rasgada, mera rapsódia?
Melhor será do que o coro,
o dizer retalhado,
o mudo grito contra a gangrena,
começar onde outros terminam,
terminar onde outros começam.

Quem põe mesas para a graça
de inúteis migalhas?
Há sonhos corrediços para poucos.
Usa a espada de cortar
laços, proposições.
Começa onde outros terminam,
termina onde outros começam.

CEMITÉRIOS

I

Pássaros em ciprestes, gota a gota,
rosas de costas para a dor:
a morte sobre nossas cabeças
desovou turva.

Imaginar o fogo,
ingressar no absurdo,
dizer em torno do não dito:
registros do ateliê da vida.

Longe o pai tateante
e longe os irmãos incompletos,
a mãe esquartejada.
O sol tece cortinas
e o suave vento sábio
move-as e nos afasta,

              salvos,
do fogo daquele morto.

II

ENTERRO DE EFRAÍN HUERTA

Toda glória
          a terra precipita
silêncio
sol
azul
e nuvens.
Num ar sem fraude
pássaros cantam
          cavatina brevíssima.
E a Mulher prostrada
          absorta vela.
Tu segues
a misteriosa viagem.
Não há mais Juárez-Loreto,
          seduções.

Chegarás
      já sem pressa

à estação que foste preparando.
No alto
    quietos
sabe lá aonde vamos.

EM MEMÓRIA DE CARLOS REAL DE AZÚA

Naquele tempo Montevidéu
à janela dos domingos,
tua generosa alegria, tua amiga,
imperioso apelo.

Todas as tardes te esperávamos,
tarde escura ou tarde dourada,
mas uma tarde que foram muitas
que a seu lendel voltam imantadas.

Zuniam ideias como flechas
por teu céu sempre incendiado;
é natural que, tanta rede aberta,
tropeçasses com lentas palavras.

Guardião de uma História nobre
negada que decifravas,
a dívida que temos todos
a ti seja paga em espírito.

Que nossa lembrança te mereça
e nossa terra desmemoriada.
Quem nos dera recuperar-te
em impossível apocatástase.

Trama da persuasão

ESCURO

Como esse pássaro
que espera para cantar
que a luz se retire,
escrevo em meio ao escuro,
quando nada há que brilhe
e chame da terra.
Inauguro no escuro,
observo, escarvo em mim
que sou o escuro
                      que vai
até o mais escuro,
pelo fundo do poço
                      do tempo
do ser quase não ser,
em busca da semente, gema,
origem, nascimento
                      de mim,
de mãe, avós,
inatingível oceano
                      de tempo
e perdidas criaturas tragadas.

Mágico Patinir
                      e perverso
gruta fora do mundo.
Pensa avançar
o que rema em seu fundo.

PERGUNTA PELA COISA

Onde,
em que ponto da corrente
boiam aqueles dons?
Como ovos de pássaro no ninho largado
sós apodrecem, frágeis,
tremendos.

Ou estão aqui, contando-me
sua história assombrada,
desprendendo de mim a lepra do passado,
ressuscitando,
ressuscitando-me?

DE TIGRE O SALTO

De tigre o salto,
de tigre, o emboscado esconderijo.
A Vida velocíssima
                    deixa
depois da unhada,
o rasgão por onde goteja
a constância.

Depois vêm os sinais do esquecimento;
mansos
lambemos a nova cicatriz

quando ela dói, escura,
e, deslembrados do bosque,
outra vez o cruzamos
pela via mais curta.

GAIOLA DE DORES

Cavoucar
na feroz planície
escavar
materiais para
         a gaiola de dores
guardar folhas que saibam chorar
cada cor perdida

recear
    se atrás de ti constroem
um paraíso porém vazio.

Dois se refletem no espelho.
Quem recorda
        se a sós.

FRAÇÃO PRÓPRIA

Sempre somos dois, três,
sempre menos que um.

A fração mais preciosa
longinquamente atrás ficou,
                              frangível,
numa curva.

Através de empanados vidros
nós a vemos,
rio de emblemas
que escava na memória.

ACLIMATAÇÃO

Primeiro te retrais,
                    estiolas,
perdes alma no seco,
no que não compreendes,
tentas chegar à água da vida,
atiçar uma membrana mínima,
uma folha pequena.
                    Não sonhar flores.
O ar te sufoca.
                    Sentes a areia
reinar na manhã,
morrer o verde,
subir árido ouro.

Porém, e mesmo sem que ela saiba,
vinda de alguma orla
uma voz se apieda, te molha
breve, ditosamente,
como quando roças
               o ramo baixo de um pinheiro
concluída a chuva.
Então,
    contra o surdo
te ergues em música,
contra o árido, manas.

DESTINO

Terão te estendido a mão,
perdoado a dívida,
servido,
como se fosse possível escolher agora,
paralisia ou sonhos.
A esta altura os deuses carnívoros
terão abandonado o bosque;
velhacos, te abriram caminho
para que desças até o círculo,
para que te equivoques
e digas: *por quê?*
para que, vendo, cegues,
e com todas as músicas a teu alcance
enchas de cera rude,
triste, teus ouvidos.

AO ALVO A SETA

Morrer os rios deixa,
a seta sem alvo.
(Salta a cidade
como gata assustada,
rumo à noite cai.)

Deixa livre a sombra
que roda ébria umbrosa
por um de seus lados,
deixa morrer os rios,
a seta sem alvo.

(Negro se guarda o céu,
enterra a possível semente.)

E também repentina
a esperança dá um salto,
uma rajada aonde.

Talvez, no fim das contas,
busque o alvo a seta.

DESCANSO

Estas asas de ser
pluma após pluma perdem
o malicioso voo,
praticam cada vez em menos ar,
mais se detêm
em inquieta quietude.
Lasca após lasca
o vento foi levando
tanto fragmento de pele
                              a pó,
de luz a sombra,
de charada a olvido,
que ficou falsa
a aberta envergadura,
o simulacro de águia
que num dia de lobos constantes
tentaste.
Ao olhá-las dobradas
sais dali devagar.

FRONDE DO PICUMÃ

Comer
      a sós
com a despojada árvore
                só,
devagar,
um naco de morte,
outro naco
— ela sem pássaros.

Viver
      é ir comendo
as horas que tivemos,
as músicas que foram,
a vida formidável,
a diligente vida
depois de reduzi-la a fração contrariada,
a debandada história
que fita seu futuro
e não o aprende.

TÉDIO DO TEMPO

Não mais êxtase no labirinto.
Pedra se é sob a pedra,
pedra, dormente pedra.

Sob a água, água,
um mar entre peixes,

voz, apetite
apenas de água.
Ar no ar,
em tormenta ou calmaria.

E pó,
fim da aventura
     mutante pitagórica,
no fundo do poço feroz
    da meia-noite.

DESPERTAR

Tênues rastros,
pios de pássaros
acomodam-se à aurora,
premeditam.

Cinzas, fogos, flores;
a esperança
sobe na luz,
o olho não a impede.

O fio da vida
fio será de Ariadne,
ou fio de aranha,
fibra tendinosa?

HISTÓRIA

Subíamos correndo a longa escada.
Quase nem víamos possíveis
detalhes laterais,
surpresas de uma janela
aberta para o mundo atrás dos vidros,
reflexos, sedimentos
de quem subisse antes.
Velozmente vencemos
a inútil pausa do patamar,
abandonadas rosas menos que naturais,
as cipoadas do sempre
cego céu
a seu modo indelével.
Subíamos, subíamos
pelo idêntico
só que rumo a cada vez menos luz,
rumo a poço mais fundo.

ELVIRA MADIGAN

Não,
não podemos ouvir a súplica
da brisa,
seguir o chamado do pássaro
em seu ramo débil.
Não estamos sós.
Nem esperar e abraçar a onda inexorável.
Não sabemos nadar.

A gravidade e o medo
organizaram tudo o que não fazer.

Avançou, equilibrista,
aberta a sombrinha
    pelo ar do bosque,
    sobre a corda tensa.
Depois caiu,
       caiu,
abraçada ao amor,
    ensanguentado o sonho.

ONETTIANA

> Uma onda gigantesca, feita de retalhos de diferente brancura...

I

Azáfama guerra
rajada trânsfuga sorte
toda vida uma única
árida praia vazia
na qual não quebra
a desejada
a mágica onda.

II

Celebro o clarão
e o vento.
Meço o milagre.
Quanto é justo pedir?
Meço
     o fragor do milagre.
Quanto este mundo nos deve?
Meço milagres
e admito que toda a vida
é sua dívida.

Ato de conciliação

TROMPAS DE CAÇA AS LEMBRANÇAS

Trompas de caça as lembranças [*]
o que caçam, céus, as lembranças?
Céus e solitários sonhos caçam,
o irrepetível, mar, amantes.
Vêm e abrem as janelas
que dão e negam os despojos,
em sombras íntimas insistem
contra o tempo que traz colapsos,
quedas-crepúsculos de breves deuses.
Quando a caça por fim se encerra
e mesmo as estrelas estão mortas,
longe se extinguem as lembranças.

A SUBSTÂNCIA PELA SOMBRA

A substância pela sombra [**]
obtida, a luz pela sombra.
O coro abandonaste por murmúrios,
o encanto do melro por um amanhã mudo.
A vida visível morre, como esse livro
que não lerás, as palavras
que gostarias de ouvir, no insonoro,
a paisagem em desertos subterrâneos.
Guardaste a esperança — teu emprego do tempo —
como se guarda o corpo em um quarto,
pelos anos que te restam.

---
*   Guillaume Apollinaire.
** André Breton.

"NÃO CHORES EM VÃO TUA FORTUNA"

Não chores em vão tua Fortuna *
as escadarias turvas
sobem à esperança do amor,
descem a caudais de solidão,
miséria, a essa sombra
à qual, velho, gostarás de sentar-te,
graduando-a:
          entreabrir um postigo,
apagar ou acender uma vela,
                    outra vela,
para iluminar a seda de uma fronte
— o cigarro fumado até a metade —,
epílogos, epílogos.
Não entendes
essas grandes coisas imóveis, egípcias,
preferes viver em cima de um bordel,
perto, a igreja, o hospital.
Também tua voz desceu escadarias,
chegou à sombra, ao câncer,
durante a longa viagem tua a Ítaca,
a nós, ao milagre singelo:
                  és
o derrotado, o triste, o sozinho
— não importa de que tribo —
que comuta o luto em canto.

---

*   Konstantínos Kaváfis.

UMA ETERNIDADE E DEPOIS

Uma eternidade, e depois
despertamos em outra época *
e essa época é um mapa
de aridez, de pedras e talhos,
uma eternidade para trás,
uma eternidade para logo
ou, segundo se chore, um instante
o indivisamente vivido
como um instante o que falta
até o pulso do insonoro.
Talvez tenha sido bom enganar-se
em um sigilo de alegria
e no tempo do desencanto
percorrer a sós a treva.
Terá de inventar a memória
quem passou sempre sobre brasas,
quem quis apagar cada passo
de passageiro pé fantasma.
A dormente máscara cai
e guincha Narciso à margem,
que feio seu rosto movido
pelas estrias da desordem.
O sonho se estilhaça erudito
     por cicatrizes emendadas
     e a fábula se perverte,
     a signo cai de suplício.

---

*   Gunnar Ekelof.

NEGAR AS ÁGUIAS

Nega as águias e seus defeitos *
Existem as águias e seus defeitos?
Não existem as águias, não existem, claro, seus defeitos?
Existem águias sem defeitos?
Existem defeitos sem águias.
Irá sempre gabar-se a palavra de dizer coisas
que o silêncio, simplesmente, entende?

"DEIXÁVAMOS UM ANJO"

Deixávamos um anjo feliz de nossa memória rondando
pela fecunda cascata... **
para que a paixão com que aferramos
pedra, folha, mesmo a espuma do fundo,
faça brotar quando não estejamos
uma matéria fervorosa, um hálito
crepitante que não morra na morte,
um ímã para nossos fragmentos fantasmagóricos
que fogem, fogem, fogem
sem que os fixem
os quatro cabos da fronde.

---

*   César Moro.
** Álvaro Mutis.

NA INFINITA SOMBRA CONSTELADA

Na infinita sombra constelada *
avançávamos em servidão.
Éramos seus felizes escravos,
seus mendigos deslumbrados
com as delícias que não tocam.
Agora moramos no escuro
mas esse mapa diamantino
de noites claras vias lácteas
pela mão da memória
dia após dia atraiçoada
a um anafórico verão
para que atraque me regressa.

NÃO DIZEM, FALAM, FALAM

Não dizem, falam, falam **
"Os que falam não sabem,
os que sabem não falam."

Heracliteano fluir insiste:
"não sabem, os incrédulos,
nem escutar, nem dizer".

A perfeição quem sabe rege
a distância que separa
o real palavra do real objeto.

---
*   Giovanni Pascoli.
** Octavio Paz.

Morre o mundo de abandono.
Pode então repetir ferino
o plenilúnio do erro alheio.

Poema ou só canopo?
Verdade esplendorosa ou recipiente
de vísceras alheias?

Como a respeito de remorsos,
pela inquietude, de hábito esquecida:
é destino ou é incauta deriva?

Um grave frio cruza o sentir
que mágico se imaginou:
sua brasa não transmite, inútil.

E então o teto não existe,
devolve-nos a noite de séculos,
o terrível vazio primeiro: o silêncio.

A SOMBRA DO PLÁTANO

Para todo o sempre a sombra do plátano *
o ruído fresco de suas folhas,
seu óxido ensimesmado sobre
o ouro casual de uma eterna calçada,
hierofania
        sua esfolada cortiça.

---

*   Francis Ponge.

Eu não preciso ver formigas rituais
no palácio de sua sombra
para andar naquele tempo este,
para insurgir-me contra o céu voraz
que não o inclui
    e recordá-lo
num imenso crepúsculo
cumprido no mais puro azul:
esmeralda providencial
aberta para
as andorinhas todas de um verão.

ATALHO

Andando
   para
a revisão do responsório
— justo, injusto —
feroz;
para a grave gruta do grunhido
na qual quimeras voam,
que não correm,
clarividentes, sempre;

andando
   para
a morte imune,
feitiço despropósito imperioso,
para
a rambla, o malecón, a costanera,

dessoutra parte na ribeira, [*]
que há de bordejar o Hades – paraíso.

DIAS DE SÍSIFO

Do sempre amanhecer pelas manhãs [**]
para ir anoitecendo o dia todo.

OH BARCAS, TUDO É EXERCÍCIO DE BELEZA

Oh barcas. Tudo é exercício de beleza [***]
e tudo é mar, e o mar recala em tudo,
terso, contido.
Enseada, fenda, roda de ramblas,
quartzo onde o azul é mais intenso
e o ouro cai em pó
e o leve vento não o move.
Brancas barcas se embalam,
boiam leves.
Dança sua festa sobre a pradaria?
Mãe mar quisera parir-nos e ninar-nos.
Pai mar adeja como um galo sagrado,
espalha espumas, mitologias, letras.
Colide em rochas, abate diante do verde
que se atreve diante dele, e reflui

---
* Francisco de Quevedo.
** Fernando de Villalón.
*** Ramón Xirau.

e deixa um signo mais, um escrúpulo último,
um instante de areia.
Mar que nunca é um fim
mas um meio perpétuo
onde brancas barcas se embalam,
boiam leves, letíficas
e tudo é exercício de beleza.

UM FRAGOR E A MORTE

Em torno da palavra a neve se amontoa [*]
e tudo gelidamente nada canta
e o escuro silêncio é
um fragor e a morte
inerte pano a palavra lívida
mortalha a branca palavra cadáveres.

19 de setembro de 1985

---

[*] Paul Celan.

OUVIDOR ANDANTE

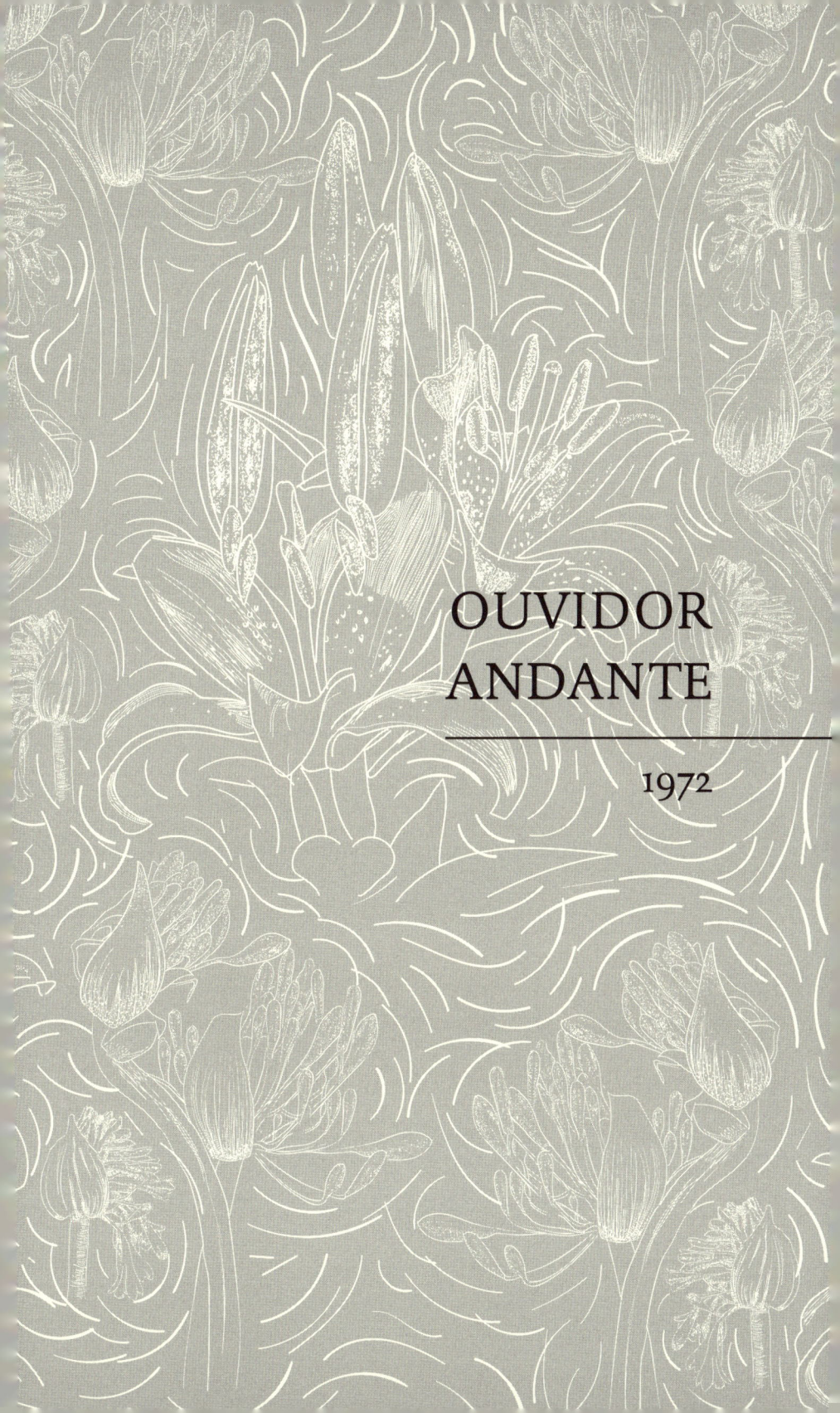

1972

Para Enrique

Signos de letrado

Se van quedando atrás tantas palabras
¿de qué sirvieron nunca?
¿qué gloria hubo alguna vez sin ellas?

Cintio Vitier

A PALAVRA

Expectantes palavras,
fabulosas em si,
promessas de sentidos possíveis,
airosas,
      aéreas,
           airadas,
                  ariadnes.

Um breve erro
as torna ornamentais.
Sua indescritível exatidão
nos anula.

A BATALHA

Quem, ressonante,
se apresenta à noite,
senão palavra apolo
com suas flechas furiosas
que fervem ao ouvido
como abelhas?
Maligna, triste, silenciosa peste
sobre aquele que recua da batalha,
se dentro sentiu o fogo.
Para o que aceita,
diária, antagonista morte.

QUADRO

Construímos a ordem da mesa,
a folhagem da ilusão,
um festim de luzes e sombras,
a aparência da viagem na imobilidade.
Esticamos um branco campo
para que nele esplendam
as reverberações do pensamento
em torno do ícone nascente.
Depois soltamos os cachorros,
atiçamos a caça
a imagem sereníssima, virtual,
cai devastada.

VALORES

I

Vem entre borboletas amarelas
de poderes herméticos
a primeira sombra, ainda quase azul,
e a memória, esse lento alarife,
repentina, propende ao desperdício.
Socorro ao tremor último,
a palavra represa a enxurrada súbita
e organiza a glória.

II

Na tarde dobrada sobre seu fogo,
manejar o silêncio, manjar raro,
reaver seus sabores
para seguir imaginando frutos,
os sumos que reavivam a memória.

Com o entardecer vertiginoso,
fugaz fogo de pinhas,
voltar a sua virtude,
salgado coração de Durindana,
a fala,
        para a sazão do que é.

CONTRA ENGANOS

Os guardadores da saudade
rememoram os dias de ouro
com o baralho expiatório
de sangue sépia e claro-escuro.
Se a conta de pontes canta,
a chuva do tempo as chora
e condiz com catedrais
afogadas em cegos vinhos.
Melhor, imagens às costas,
testar o vidro dos versos
com o rigor do ser a sós.

E se estão mortos de mentiras,
se outra chuva do tempo os chora,
penitenciá-los, embora após
percorramos um campo vazio.

SEGURO DE MORTE

Tudo organizamos.
Só não previmos
o que fazer
caso a mão perca
as pautas que guiaram
nossas escritas pávidas
e o vórtice nos beba
e o olho nos apague, não olhando.
Não haverá instância seguinte
nem prima favorável
nem ímã solar que nos ampare.

Não nascerá a luz que não olhemos.
E mesmo assim, algo
desde o perpétuo barro
ordena a constância,
joga propostas contra o tempo,
fia na salvação pela palavra.

ESFINGE RAINHA

Em pé sobre a caixa da cobra,
a rainha, alçada por anjos
ou demônios, vai atrás do sortilégio.
Abriu-se-lhe um caminho de alfinetes
para que dance sobre suas pontas
e na retaguarda uma espada a protege ou mata.
Este século lhe incendeia bosques diários
de pássaros proibidos
e lhe veda o escândalo das viagens sem rumo.
Se disporá a morrer, um escorpião
cercado de obscuros inimigos,
ou tão só a cobrir-se de espinhos,
de aguilhões?
Fio em que mantenha seu cetro de loucura,
a pólvora capaz de explodir
a suficiente imagem do mundo.

RETÓRICA DO SIM

Determinou a lâmina esta ordem:
— Não mais dúvidas.
Baixemos da árvore
as perguntas de corpo inanimado.
Não mais quandos e nuncas.
O espólio é oferecido para uso
do poeta futuro.
Em meio ao sangue, ao medo
e suas mortais invenções,

na centúria de cegueira insana,
contra fogueiras
que um frio vento tinto reconstrói,
exigem-se passos fortes,
palavras positivas e adornadas.
Com o conjunto de dúvidas excluídas,
que assombrada coroa de ciprestes eles asseguram!

DO MEDO COMO DENOMINADOR

E sempre seguiremos inclinando
as armas perante os vencedores,
imaginando oferendas,
dançando deferentes com sua música
sem que greta presságio
vulnere o simulacro.
Eles merecerão que uma cor nova
comemore Magenta, Solferino;
que as cozinhas batam para sempre
um nome que celebre ocasião
ou general triunfante.
Às vezes, a máquina funesta
que animaram foi forçada a recuar.
E mesmo assim ela ainda ressoa
sob os arcos da palavra.
Até a linguagem chegam os indícios do medo.

Pálidos signos

O SILÊNCIO

Peço silêncio
e é pedir a fruta
na flor de verão,
um tanque com peixes
ao abrir-se a chuva.
É sinistro esperar?
Arderá uma granada
de inesperado amor
e sua paz crescerá,
não um pântano morto,
não dilúvio de gelo,
epitáfio caído,
mas um presente doce,
um beijo de boa noite,
resplendor de bom filho,
lâmpada carinhosa.

ESCAPATÓRIA

Rompem acerbos sinos
e o tempo larga os relógios
a galope por seus prados.
Inflamam-se as perguntas e as máquinas,
os proclamas florescem.
Os vidros não se rendem e aos esbarros
vão aventando pássaros.
Discrepantes e firmes,
as rádios narrativas roçam o ar,

rugem sobre a folha
vazia como cratera,
duram mais que as nuvens altíssimas.
Ardem os folguedos das crianças,
crepitam exegéticas conversas várias.
Não há ilhas,
nem mar no qual lançar-se a nado
e dentro da imensa baleia te asfixias.
Mas de repente algo impõe silêncio
e após a cauta,
sutil isca de uma palavra porta
vadeias o rio da realidade.

REUNIÃO

Era-se um bosque de palavras,
uma emboscada chuva de palavras,
uma vociferante ou tácita
convenção de palavras,
um musgo delicioso sussurrante,
um estrépito tênue, um arco-íris oral
de possíveis oh leves leves dissidências leves,
era-se o pró e o contra,
o sim e o não,
multiplicadas árvores
com voz em cada uma das folhas.

E nunca mais, dir-se-ia,
o silêncio.

SALA DOS PROFESSORES

> *To be eaten, to be divided, to be drunk*
> *Among whispers...*
> T.S. Eliot

As vozes encobertas murmuram, julgam, lacram.
As costas sofrem. Ardem, insetos do mormaço.
Um fiapo branco, baba do diabo, dizem.
O silêncio se assenta pantanoso.
Depois, uma bolha pálida, pesarosa e gremial,
sela com seu gemido a inanidade do instante.

PÁLIDOS SINAIS

Morreu o pão nos armários,
morreu o leite nas jarras
que esqueci ao sol,
e plantas que alternadamente
nutri e abandonei, voltaram,
pouco a pouco, a ser a terra.
As formigas alinham os relevos
sitiados sobre as mesas.
As janelas criam vontade própria,
abjuram a luz, trocam paisagens.
Não sei que ventos vêm
do espinho pior de alguma rosa
que a dentadas carregam os tecidos,
esgarçam os constantes algodões.

São os signos mais graves
— diria um Semmelweiss —,
as febres puerperais que esquentam
os nascimentos desesperançados.

ESCRITO MENSAL

Confuso pálio de árvores,
buzinas solúveis voltadas para o mar,
rumor de vozes, tingidas de açafrão distante,
próximas, que perguntam,
sinais segundos da realidade,
o arbitrário, o inútil,
os sentidos tribais,
para que eu, mecanismo incendiado
que ainda responde, "sim, Pier della Vigna",
diga, e sangre
pelas folhas abrunhas que me arrancam.

DISCO DE FESTO

Entro na espiral
e escapo para o centro sinistro,
havendo antes deixado fora
cegos cantos de pássaros,
um mar de astutas vozes,
o cheiro do verão;

ergo palavras assassinas
e desoladamente as arrasto até a porta.
Volto, longe de ti, como se andasse entre pedras,
para a plataforma de espera da morte.

VISÃO DO PRIVILÉGIO

Acato as centelhas da lembrança remota
mas excluo anos de entardecer sem escapatórias,
com as senhas não reveladas de constituir
dever e não glória de ninguém;
retenho a beleza de palavras alheias,
a melancólica aproximação das próprias.
Desfraldo a grande tenda das radiantes certezas.
Para todo dia deixá-la cair,
porque lá fora na chuva
vai amor, insone triste
que esse pálio não cobre.

JUIZ E PARTE

Se apagam rostos como estrelas
que caem. Ninguém funda desejos,
nem cabe formular augúrio algum.
Longe, no mundo dos rapaces
que falconizam, portas batem.
Passam palavras, gestos.

Assume a sentença. Este quarto vazio,
tuas horas de pele castigada,
essa nuvem que cerceia a janela, ditam-na.
As digitais cópias do outono,
sobre impossíveis ressurreições,
referendam-na.

OURO É TEMPO

Pago com ouro
a prata azul do peixe,
o jade da ervilha,
o moscatel entrado no outono.
A cintilante cúpula
do tempo
se amoeda e chove
e não é amor
e é a morte de Dânae,
sem dúvida.

Pago com ouro
em pó e em cinzas
contra mim mesma.

INTEMPÉRIE

> *He lástima de ver que van perdidos.*
> Garcilaso

A corrida da terça
desatada,
espremeu urgente
a segunda estreitíssima.

Engolimos o tempo,
range-nos sua areia
entre os dentes.

Aturdidos amantes dessangramos
horas capazes,
dias de prever o futuro.

À sombra de uma folhagem
muito tênue, fomos
como formigas esfomeadas.

Agora estamos a sós, duro,
inimistado céu.

CONCLUSÃO E RELÂMPAGO

Vice-rei caracolante, maio duro
declara término e relâmpago
e fecha as portas últimas
do verão.
    Em tardes remotíssimas
do anterior outono
terá o céu textual, usual,
sem clarins,
ocaso dourado e triste
o sudário do tempo.
Desencadeado, o cão da vida
busca circularmente
e grande desolação há
em seu olfato.

TÉRMINO

Triste de quem for lâmina
da espada,
número da cela,
forma do veredicto punitivo,
ferida salgada,
vórtice da corredeira,
pedra não fundamental.
Triste se nele se morre
e não se recomeça.

Razão suficiente

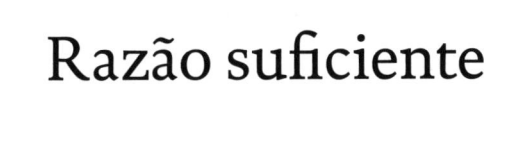

PÁSSARO, COMEÇO

> *Fled is that music: — Do I wake or sleep?*
> KEATS

Sigo esta partitura
de violentos pulsos,
inaudível,
esta aturdida medula
escandida por dentro,
canto sem música,
sem lábios.
Canto.
Posso cantar
em meio ao mais cauto,
atroz silêncio.
Posso, descubro,
em meio a meu estrépito,
parecer uma serena praia
sem sons,
que acolhe, suspensa,
o grito permitido de um pássaro
que convoca amor
ao fio da tarde.

O GESTO

As pálpebras caem,
a cabeça derrocada
cai para trás.
O peso da coroa do amor
é árduo.
É rei e morre.

DESPEDIDA

A pele não disse adeus;
a mão foi negar o vazio,
o olhar continuou olhando,
quis arguir
desesperadamente.
Foi a laverca
ou que pássaro sinistro?
Algo gritou muito longe de nós
e a terra se partiu
em duas metades.

SE ESCOLHE

Dizimada, dessangrada,
cortada em tantas partes
como sonhos, quero,
não obstante,
esta e não outra maneira
de estar viva;
esta e não outra maneira de morrer;
este sobressalto
e não mais a habitual
sonolência.
Como uma sombra de si mesmo
ou como inflamado fósforo violento.
Não há outra alternativa,
nem mais sinal de identificação.
Não outra morte.
Não maior vida.

OFÍCIO

Ser aceita viva nessa loja
de mortos que estão vivos,
os que souberam celebrar o amado;
transfundir-me esse sangue
que ainda pulsa
e, amor, apaixonar-te eternamente;
em torno de ti,
        fonte que não desiste,
seguir dizendo o vidro de minha sorte,
o mercúrio do medo de perder-te.

MÊS DE MAIO

Escrevo, escrevo, escrevo
e não levo a nada, a ninguém;
as palavras se espantam de mim
como pombas, surdamente crepitam,
fixam-se em seu torrão escuro,
aproveitam-se com escrúpulo fino
do inegável escândalo:
por sobre a imprecisa escrita sombra
mais me interessa amar-te.

INSTRUÇÃO

A instrução era andar
quando se ouvissem sinos,
ainda que se ouvissem sinos,
no rumo dos tangidos,
voando velocíssimos em exaltar os sons.
Podiam conflagrar-se as nuvens, os relâmpagos,
os trovões no ápice das torres
ou inflamar-se com o mais imaginário dos sóis:
estaríamos ao pé
como o musgo sempre-vivo,
sempre.

VERTIGEM

Varada velocíssima em
tua borda,
veraz deveras,
em vão, em vela,
virando para,
a ti obrigada
abrigada quero ficar
imaginando como se amanhece,
capaz de miar
pelos balcões do frio
ou do ardor final,
feliz nascendo
da diária morte.

CERRO SAN ANTONIO

Trama-se e destrama-se a encosta
de precária em voador velame
em equilíbrio sobre um mar dormente
consecutiva.

Eu tramo-me e destramo-me no abraço,
medula em liberdade, Dédalo preso,
o tumulto perplexo em que te envolves
testemunhando.

Encosta e mar serão eternamente
o combate indiviso, lábio a lábio.

RENASCENTISTA

Até hoje é assim: icáricos,
precários e respectivo mar um do outro.
Vindos dos barcos e das plantações,
transmitem partes de último rescaldo,
dobram avisos de paixão e morte
os isentos, e fervorosamente
fogem do ar altivo da queimada.
Os que por lá ainda gravitam citam
suas próprias leis, o seu sagrado fogo,
tocam intatos sua certeza e riem.

Para descer à terra

GUERRA NOTURNA

lutou a noite inteira...

Vais subindo laborioso uma ladeira
dominada por flores maravilha
pisas estribo sem estreia
trampa tramada trampolim
talco tíbio do sonho sacudido
e frio giz depois frio cristal
aranha arisca lua nua remando em sua névoa
o gato o galo o golpe da porta.
Vai o balde estrepitosamente ao poço.

AMANHECER DO SÓ

A rosa noroeste se retira,
a rosa sul se exime.
Todo ser, todo ardor
abre seus biombos nítidos.
Gritos sem resposta dá o ar
quando a solidão
açula cães sanguinários
e no rangente limite a mão
aproxima os restos.

PARA DESCER À TERRA

Calçamos as botas de chuva,
os olhos da chuva
e o pessimismo do factível granizo,
aceitamos a incendiada taça da manhã,
sopesamos o barro,
o frio contra a pele calcária,
urdimos planos contrários,
apostrofamos e desmandamos,
supomos o ronrom do poema
aninhados na cama, como gatos.
Mas transigimos pouco a pouco,
descemos, e entramos no campo do radar da morte,
como todos os dias,
natural, tautologicamente.

RECREATIVA

Supondo que estamos no fundo
de um poço imaginário;
que esse poço tem altura,
beirada, mais adiante céu
para alguém que o alcance;
e dando por assente
que ele tem um conteúdo
em esperanças hirtas,
verifique-se o tempo
que há de transcorrer

para que quem está
no mais fundo dele
chegue até em cima.

Formule-se a resposta
em sonhos viáveis,
fins labirintos,
ilusões voláteis.
Calcule-se também
a energia perdida
toda vez que se toca
de novo o fundo.

POSCÊNIO

Céus velozes de Montevidéu,
estratos de ouro e de loureiro,
rebocados pela mais alta rede,
mornos lilases lentíssimos
cocientes de sua luz multiplicada,
passam e nos envolvem
e nos distraímos com sua graça,
como brinca uma mão
entre areias que guardam
a eternidade em que não pensamos.
Enquanto isso, o pégaso perigo
relincha ferozmente.

A PONTE

Num instante se forja e se parte
a ponte que vai do sorriso
ao relâmpago roto da ira,
da louca beatífica que porta
como um falo uma rosa pelo ar
até o carro que passa lento, negro,
patrulhando a rua bloqueada.
E já não existe nexo, linha, mão
que una a debandada.
Vejo estourar vitrines que estão quietas
e uma infernal granada que derrama
seus glóbulos de sangue.
Vejo arejar a plumagem do tempo
que é um faisão velhíssimo
sobre rostos sem ênfase,
armados contra a visão do delito.
Vejo a cerração suicida.
Reis de penas, ápices de um sonho
submerso, os ainda líricos,
os sempre esperançosos,
os pescadores de outros mares mágicos,
a cada passo dado arredamos os vidros
e tememos.

CIDADE VELHA

Um mudo céu escuro
um carro quieto, só,
uma torre de estrelas derrubadas
que não combina com esta área bancária,
bolota seca, casca morta,
pronta a ranger
se o tempo pisar forte,
se os homens de repente se zangam.
Letras extintas
em meio às teias do vidro
içam anúncios corrediços,
ações, variações
cambiais e de compra-e-venda,
enquanto os gentílicos dormem,
aberto o olho frio do amo,
entre seus foros protegidos
por um câmbio do dia favorável.
Tudo dorme sem sonhos,
os balcões inúteis, varandas
nas quais debruçar-se é uma infração.
O vento gira, morde
os papéis do dia,
as fitas das calculadoras,
as fugazes flores do interesse,
a falta de árvores, pássaros ou musgo,
nessa insônia
de elétricos alarmes.

De chofre tenho medo de ficar
mercando, como Nils,
obrigada a vender-me ou a vender-te,
para evitar que algo — inútil —
se desmantele na ordem do mundo.

ÚLTIMA MESA

Aqui esteve o linguado para os malignos,
o garfo no ar dos distraídos,
o mel dos que mendigam,
o vinho dos que carecem de um pretexto,
a carne dos exaustos e dos castos,
o marmelo dos idealistas,
a laranja entre sala e sala de jantar dos inocentes,
o vinagre à espera da esponja,
o tomate hidropônico dos que caminham num deserto,
as conservas dos solitários,
o louro e os condimentos dos que ainda não sabem
                    que sabor tem sua vida.
E o pão com uma gota de sangue em cima.
Aqui está o páramo final, deglutido.

NATURALISMO

Desce uma pluma da desconfiança,
a chave pelos ares.
O fio está seguro pela mão,
a chave atada ao fio, a mão ao medo.
Cai trêmula uma folha do outono,
como tintura amarela.
Grasna a temerosa em seu instinto de sombra
porém preserva a árida glória
de morrer sozinha.

MULHER COM CACHORRO

Podes andar lentíssima, estacar inexata,
correr de nada para nada,
fitar o absurdo, o perdido, o inútil,
coser a cada noite seu frio,
introduzir sílabas de estar viva,
de obstinada renascente,
parecer-te contigo mesma.
Teu cão é tua testemunha e teu órfão constante.
Por ele a sociedade te privilegia;
aceitam que tenhas um circuito ritual,
traçado, possivelmente atroz, pelo hábito.
Se ele voasse poderias ir subindo
levemente pelo ar
sem que olho algum te reclame.

NEUROSE

Imaginando glórias
— maçãs numa árvore altíssima —,
sua constância sem armas balança,
fixos os olhos, o tronco do apático dia
para que não encalhe sem sentido
entre os arrecifes da noite.
Imerso no presente
como um barco a navegar na chuva
pressente as montanhas magnéticas
e os locais do pássaro Roca.
Padece pela rosa que entreabrindo-se
se abrasa até o limite.
Entre relva e estrelas
que são laços funestos,
sólidas redes da teia bem construída,
não vê beleza sem cicatriz,
âmbares não excretados,
socorros malgrado as chamas.

E contudo,
a aurora renovará seus votos.

MNEMOSINE

Uma recordação desarma teias
e outra as cria apressadamente;
as ressacas vão participantes
do verão ao inverno,
do verde até o violeta violento
e sem retorno, em sinistra desordem.
O tempo foi assolado
e não há respeito pela empoeirada
     reserva de não bebido vinho,
adegas de alegria, de ocasiões de luz.
O quieto em meio ao furacão
morre de sua quietude e de esquecido,
como o desabamento,
     da fenda e da vertigem.
Não há pois que deter o pensamento.
Os obstinados ecos sequazes
     produzem um gume áspero.

Mas em silêncio andamos coração inclinado.

A HISTÓRIA NÃO ESQUECE

O ouropel do ouro se adensa nas vitrines,
a eriçada distância, na cidade estranha.
Como, aqui, ter sentido, nome?
Hóspede casual que apartou os azeites
vai em busca de respostas
de uma estrangeira superfície,

tão estrelada e negra, tão vazia;
turva que só abraça o desdém,
resvala na noite altiva e cai,
cai sem chegar a teus ombros,
afogando-se na cidade
sem sal e sem gaivotas,
mas cheia de espectros,
de dedos que se movem com gerânios,
tão perto ainda debaixo da terra.
Tudo almejaria pisoteá-lo,
almejaria uma roda de fogo discernente
que libertasse os limpos.
Outra vez fecho o círculo,
salvos lá dentro uns poucos *anônimos*,
vários Velázquez, aquelarres Goyas
— essas serpentes tristes também trocaram de pele
e apagaram os céus uivando como lobos —
e mais adiante retomo, já sem país, os passos.
A história não esquece e rói, rói.

PRESUNÇÕES

> *Adieu, nuit, que je fus, ton propre sépulcre...*
> MALLARMÉ

I

Fechou-se a escotilha;
o dia que se obstina,
a noite, nítido corolário,
situaram suas peças frente a frente,

jogaram soberanos sua partida,
perante testemunhas mudas
sem direitos.
Um ou outro espectador desvencilhado
roda dali e perde a evidência
e se torna a lacuna que coroa
por um instante a imperfeição total.
Eu ainda assisto: sigo
esse aquário gigante, esses espelhos
onde nadamos sós,
destemperados, entre objetos mortuários,
luzes, focos, vitrines fluorescentes,
espadas sem degola,
esquadros sem sábios nem viajantes,
e vidros e redomas que sugerem,
mais além, os perfumes.
Fechou-se a escotilha: não há saída.
Agora nadamos como peixes lentos,
forçados ao limite.

II

Nada é a verdade.
Esse túnel de flores por onde precipita
o esquadrão do ar as suas bandeiras todas,
é a formosura, e pelo avesso
o gelo tenebroso, o velho húmus cadáver,
o alarido do louco.
A carícia esconde a manopla hirta
de uma aparição glacial,
o furacão do medo,

a perplexidade de mortais feitiços,
e entre o carmim e o índigo,
a cor escuríssima do furacão aguarda.
Assim, mantenhamos a tantálica presunção:
todo gesto é legítimo,
de cada ponto saem ramais,
pistas, órbitas, passos possíveis,
letárgicas moedas que regem um câmbio inesgotável.
E nós, mentidos,
somos, nada, a soma da verdade possível.

CAPÍTULO

NO QUAL ENFIM SE REVELA
QUEM FUI, QUEM SOU,
MEU FINAL PARADEIRO,
QUEM ÉS TU, QUEM FOSTE,
TEU PARADEIRO PRÓXIMO,
O RUMO QUE TOMAMOS,
O VENTO QUE SOFREMOS,
E NO QUAL SE DECLARA
O LOCAL DO TESOURO,
A FÓRMULA IRISADA
QUE CLARAMENTE
NOS EXPLICA O MUNDO.

Mas depois o capítulo
não chegou a ser escrito.

AS ARMADILHAS

> ¡Las arpas de la óptica alegría...!
> Juan Ramón Jiménez

O acaso, esse deus extraviado
que trava sua batalha fogo a fogo,
não se esconde somente na catástrofe;
às vezes um gorjeio o denuncia
e subornado, então
admite ficar um pouco na alegria.

FUGA, RESSURREIÇÃO

Morremos cotidianos,
recobertos pelo líquen das compras,
das fabricações e emendas.
De chofre vem, feito um braço de mar, de Bach,
o ar, ressurreição e fuga,
vento duplicado em espelhos.
Ou na sombria mina explode
uma boca de luz,
percorrem velozes mirmidões,
resplendor com espadas,
uma desordem de números se ordena,
e amanhece, ainda entre os gelados anúncios vespertinos.

Por uma estrepitosa duração
de silêncio brevíssimo
tornamos realidade a irreal granada.

CADA UM
EM SUA NOITE

1960

ESTE MUNDO

Só aceito este mundo iluminado,
certo, inconstante, meu.
Só exalto seu eterno labirinto
e sua segura luz, mesmo escondida.
Desperta ou entre sonhos,
sua grave terra piso
e sua paciência em mim
floresce.
Tem um círculo surdo,
talvez limbo,
onde às cegas aguardo
a chuva, o fogo
desencadeados.
Sua luz às vezes muda,
é o inferno;
às vezes, rara vez,
o paraíso.
Quem sabe alguém virá
entreabrir portas,
ver mais além
promessas, sucessões.
Eu só nele resido,
dele espero,
e há assombro bastante.
Nele estou,
que fique,
renascesse.

QUASE VIDA

Cada dia é um raio fulminante
fincado em terra,
cada instante uma perdida gota.
Noite a noite algo muda
por uma escura insígnia,
uma pluma já inútil para o voo.
Como chuva que cai
pelos telhados,
a vida vai descendo
por caminhos tortuosos,
perdendo seu olor de ontem, selvagem,
seu candor de pensar-se
desatada e radiante e duradoura.
Não estranha
que uma paciência amarga
venha cobrir-nos
como uma triste terra antecipada.

QUANDO É NOITE

I

Esse vento de noite,
essa noite que freme
como um tecido ao vento.
Sinto-o
como ao passar sobre as coisas
sinto o tempo.

Vento, tempo, noite
levam a sombras
minha verdade.
O escuro
é réplica terrível
do incerto.
Quem sabe com viver
minto outro viver,
outro tempo,
e este ardor, júbilo,
cerco, sejam não mais
que verdade mortal,
passos do vento
no vento.

II

Gira a tarde sobre si
e desnuda sua pele
para assumir,
para além dos enganos
e cautelas,
seu outro rosto
terrível.
O sol se afoga a sós.
Anjo ou sombra de hera negra,
fecha a solidão
as portas decisivas
enquanto dentro cresce
duramente
a rede onde a vida é burlada.

Caem as formas
do passado
quanto mais doces foram
mais feridas.
No combate
já não sei que presságio
fabuloso inventar,
que fulgor
ou alada ordenação,
para acalmar as sombras.
No fim o sono vem
perpétuo bem-vindo.
Atrás dele transige em esperanças
a manhã.

TAREFAS DIÁRIAS

Lembra-te do pão,
não te esqueças daquela cera escura
de passar nas madeiras,
nem da canela para a cobertura
nem de outras especiarias necessárias.
Corre, corrige, vela,
verifica cada rito doméstico.
Atenta ao sal, ao mel,
à farinha, ao vinho inútil,
calca sem dó a inclinação ociosa,
a ardente grita de teu corpo.
Passa, por essa mesma agulha enfiadora,
tarde após tarde,

entre um tecido e outro,
o agridoce sonho,
os retalhos de céu despedaçado.
E que sempre entre as mãos um novelo
interminavelmente se enrole
como nas curvas de um outro labirinto.

Mas não pensa,
              não procura,
                           tece.
Pouca valia tem fazer memória,
buscar favor em meio aos mitos.
Ariadne és sem resgate
e sem constelação que te coroe.

O INÚTIL

Resistem ainda as folhas,
embora a tenaz desordem
regida por um céu pardo,
as assole e abata,
mortifique-as em terra.
Um dia,
sem possível valimento,
também meus testemunhos e querelas,
as insígnias
que ninguém reclamou
deste longo,
              vazio sobressalto,
arrastadas serão

como essas folhas,
por um vento mais surdo,
mais irado.

CERCADO ALHEIO

Quem sabe se anjos cegos,
duríssimos, castigam
a indiscrição quase divina
da lembrança.
Sozinha esqueceria?
Não adiantou meu sangue
em fé de eternidade,
incêndio após incêndio
como imagem a imagem,
as pontes, as colinas,
os ciprestes
daquele mundo hoje ocluso?
Era meu único turno.
O advertido
me era restituído
em sua precisa exatidão,
glorioso.
E a surpresa,
        o pasmo
eram pontuais
em erigir a torre no vazio,
o marco em meio à sombra,
a luz dentro.
Agora a coroação

já se encerrou
e o reino transformou-se
em cinzas.
Se fico para trás
outros passos avançam.
Tudo se reconcilia
e restitui
e o esplendor prossegue,
alheado.
Um muro vai se erguendo
tão sórdido no acerto,
para vedar passagem
e esperança.
Uma morta parede,
a aragem fria:
eu já estou fora.
E nem sequer mereço
um anjo ígneo.

Não obstante houve um dia
em que era eu mesma
o fogo.

PASSO A PASSO

Num golpe virá o vento
e será outono.
Vai-se o verão
e cai certa lembrança
e desce um degrau mais

sem ser notada a vida,
de amarelo em amarelo.
Adeus, atrás,
o passo que não dei,
a insegura amizade,
apenas sonho.
Será outono num golpe.
Não há mais tempo.
Perdi um mágico duplo
do meu nome,
um passageiro signo
que talvez tornasse o mundo mais exato.
Perdi a paz,
a guerra.
Perdi quem sabe a vida
quem sabe ainda não ganhei
a própria morte.

No vazio espaço
alguém tange uma corda,
pouco a pouco.
Já é outono, tão rápido.
Não há mais tempo.

CULPA E COROLÁRIO

Teço e manejo a agulha
no dia alongado,
na noite,
ao longo do vento,

ao curto da memória.
Teço e desteço
porque creio no fogo,
uma trama falaciosa, inflamável.
E a verdade muda,
e me equivoco.
É só encostar em algo
para detê-lo
em seu trânsito de alheia maravilha,
vira cinzas na hora
e não me serve.
Tenho semeado de brasas
o que vejo
e o coração que ninguém olha
em brasa.
Porém depois do fogo
vem a cinza
a duradoura cinza
vencedora.

A PONTE

A morte é a menor distância
entre os sonhos,
o cálculo mais breve
o gesto sem inépcia.
Os amantes que fecham
as portas como noites
para darem-se as vidas
sabem-no, enquanto afundam

na espuma do prazer
quase nem pensamento,
terror quase nem dito.
Sabem-no porém buscam
constantemente trégua
para cavar seus túneis
entre surdas memórias.
No ínterim, a ponte aguarda
de luz a luz armada,
pacientemente fácil,
que eles passem, fantasmas.

O AVESSO DA VIDA

Há gradações suaves, lentas,
antes do decisivo espólio:
um deter-se cotidiano, um descaso,
um seguríssimo mordente
com o qual em nós vai gravando
o tempo seu desenho cego.
Para os olhos distraídos
há um engano preparado:
chegam celestes veladuras,
chuvas que escondem outra margem,
simulações de encantamentos
e como cegos caminhamos.
Habituaram-nos à máscara
de nosso rosto em primavera,
quando ensaiávamos de amantes
e a aprendemos como eterna;

como nos vimos para sempre
sob um céu limpo, imaculado,
em meio ao fervor dos jardins
que não guardam nenhum segredo.
Depois o avesso da aventura,
depois o saque, o abandono
pelo caminho sem socorro.
Depois a sórdida evidência:
ninguém promove, à nossa frente,
novos níveis de maravilha,
não há espelhismos nem surpresas,
nem concessões e nem privanças.

No fim de tudo, saberemos
o que ocultava a esperança.

FIM DE FÊNIX

Não era verdade
o fabuloso voo
mas fingíamos crer
por quase belo.
Vimos quando chegou
a um céu enganoso
erguendo seu pregão
de ouro em ouro
em rosa sombria de teatro,
em inerte crepúsculo.
Seguíamos seu voo
com ácida paciência.

Logo,
roído o dia
por seus próprios vapores
foi cedendo
perante a noite limpa.
Aguardávamos
os frutos do incêndio,
o imprevisível
figurado em glória.
No fim foi caindo
no rumo da terra
entre sombras
de voos de cinza.
E não vimos bater
asa nenhuma.

IMPACIÊNCIA

Que espero ao lado dessa porta
a que ninguém virá bater?
A esperança não me conta;
a vida segue seu percurso
rápida feito uma nuvem
se a tormenta rebentar.
Vozes ouvidas não as ouço,
mãos estreitadas já se foram;
lábio de amigo, amor amigo,
devem também ter despertado
de ser um sonho. Então eu peço
que tudo torne a começar.

JANELA SOBRE JARDIM

Eriçado celeste céu,
rosas de rubro inatingível,
vento carteiro esquecediço
me bate à pele para nada.
Com a fragrância do limoeiro
luta a verbena e ninguém vence
Um trino forte — que triste zelo —
aridamente também reclama.
Pedra dura e gesto de nuvem
e ar que dorme na janela:
um laço único ainda solto,
laço, gozo, que ninguém ata.

O FIEL

Ele é o sino
arrebatando o ar,
obrigando a cantar
o adormecido,
a espada inatacável,
o raio horizontal
que abate alegre
a muralha do frio.
É uma flor flamígera
que chama a céu
e entrega, alegra, augura,
que tudo pode:
o coração,

fiel sem estações
que por seus fogos volta.

MISTÉRIOS

Alguém abre uma porta
e recebe o amor
em carne viva.

Alguém que dorme às cegas,
a surdas, a sabendas,
encontra em meio ao sonho,
cintilante,
um signo rastreado em vão
na vigília.
Entre desconhecidas ruas ia,
sob céus de luz inesperada.
Olhou, viu o mar
e teve a quem mostrá-lo.

Esperávamos algo:
e desceu a alegria,
como uma escala cautelosa.

A VARA FERE A PEDRA

Escuro pálio, cegas
anuviadas horas,
pesam enquanto passam
se o poema não douram.
Em meio à sombra, a sós,
findo o sonho, tateando,
nada me dissimula
a terra manifesta.
Que não me falte o ar
sobre meus dias,
signo eficaz que faz
florir a maravilha;
que não me olhe estéril
e me ouça a voz tão seca;
que se a água me falta
tua vara de luz venha,
incessante de graça
como se sobre a pedra.

TUDO É VÉSPERA

Tudo é véspera.
Tudo sonha um renovo
e incita o coração a defender-se
dos despenhadeiros.
Cada um em sua noite
com esperança pede
o despertar, o alento,

uma luz seminal,
algo em que não morra.
Algo inviolado, exato, fidedigno
para afrontar a sombra,
um puro manancial,
raiz de água, algo
como essa tua jarra, Isabel,
na qual quiçá
haja claridade humana,
amor com seu poder resplandecente,
mais misterioso que a própria sombra.

PALAVRA DADA

1953

Para Alicia Conforte,
por quem memória e amizade são
quase um mesmo sonho

CÂNONE

Tudo já foi dito
e um clarão de séculos
o defende do eco.
Como cantar o confuso perfume da noite,
o outono que cresce em meu dorso,
a amizade, os ofícios,
o dia de hoje,
belo e morto para sempre,
ou os pássaros calmos dos entardeceres?
Como contar de amor,
seu indomável regresso cotidiano,
se para tantos, tantas vezes,
gelaram-se papéis e madrugadas?
Como encerrá-lo num número
novo, extremo e meu,
sob um nome até agora inadvertido,
e único e necessário?
Tão necessária seria a inocência total,
quanto na rosa,
que vem com seu aroma, seus lampejos,
seus dormentes orvalhos repetidos,
do centro de jardins tornados pó
e de novo inumeravelmente erguidos.

AS VOZES

Pelo silêncio sobem antigas vozes.
Infância quase secreta, adolescência ferida
não querem prosseguir no esquecimento,
como em bosque sem ar
— noite adentro —
mortos últimos,
privados corpos sós.
Pedem-me algo à guisa de ternura
mesmo sendo em palavras,
o bom pão da lembrança miga a miga,
das lágrimas o sal intermitente,
e tudo apenas em exígua parte.
Onde guardam o pássaro
que cantava certeiro,
meu coração, seu riso
de receber o tempo,
a mutável saudade,
os secretos oráculos,
e a água escura e funda
onde apaguei algum fogo?
Infância, adolescência,
onde choram, onde,
longamente deixadas,
pedindo clarões?

FESTA PRÓPRIA

Sim, cantar é alegrar-se,
como o ar se alegra na manhã
a cada coisa que volta à vida.
Cantar, ditosa entrega
a vivíssimos ventos,
a rajadas regidas pela graça
ou a lenta paciência.
Deitar-se e ir nomeando
as coisas, os sucessos,
a ardente sarça do abraço,
a seda que nas noites
o sono estende sobre as frontes
como um pranto.
Porque com isso o tempo
se detém e aguarda,
deixa que a voz nomeie,
que se ganhe a si mesma
ou se perca,
na medida do esquecimento alheio,
na medida da própria festa.

PRIMAVERA ARMADA

I

Vem esse vento
cheio de perigo e suave
como um sonho,

outro afluente da morte,
mas sem luz final, súbita, pura,
vem ávida,
com fúria intacta.
Vem outra vez o vento
e começa o assédio.
Uma água me rodeava,
perdurável, tranquila,
água feito um muro.
De chofre essa violenta
plumagem agitada,
essa enchente de aromas,
de desprendidas pétalas,
enfim, de primavera,
chegou até mim.
Mas sei que é só voltar-me,
querer tocar sua fresca tez,
e já irá longe,
já uma a menos
irreparável primavera,
deixando de sua fuga
somente um pó de sonhos
importuno nas mãos.

II

Verdes variados,
nuvens,
um céu empavonado,
crianças brincam, brincam pombas,
lentas, dispersas cinerárias

como estrelas em terra,
um bafo morno e verde,
tanta, enfim, primavera.
Eu num canto escuro
e de joelhos.

Para festas alheias,
para outras mãos,
para esses corpos de velha pele,
para a rosa cega,
para o ar hirsuto,
para todo esse mundo sem história,
para esse tempo com gosto de ódio,
é primavera.
Eu num canto escuro
e de joelhos.

CHUVA DE PRIMAVERA

Quero mudar a sombra
que amornei à noite,
achegá-la a um instante
de laborioso frio.
Isto é verdade: a névoa,
sua distância posta sobre as coisas,
a água, aparecendo com seu pólen
jubiloso entre as árvores.
E esta é a minha carne, esta a mentira,
a forma que nos vestem
ao perder a memória.

Quero dar a esse vento isso que arrasto
dormente e farto nas costas,
e despertar e estar realmente viva,
e ser parte e amor pela manhã,
uma ramagem mais de cego advento
e de cega esperança,
cego local alçado a reino ou primavera:
por fim regido acaso,
que agora outra vez cresce, canta.

DIA ACABADO

Que verde a árvore,
o ar quase verde,
e o pássaro,
como merece o verde
com seu canto!
Um cheiro sempre-vivo
invade o corpo.
Que outono mais
pode dar o céu?
Que céu mais
este mundo dos homens?
E que dia será
mais do que este é,
futuro já e lembrança?

IMPACIÊNCIA

Toma, dá minha vida
a quem te peça um pedaço.
Não demora. Olha:
quem sabe como estão ali, sem uso,
cinco minutos, dez, de puro enlevo.
Em ócio, aguardam,
em sua ingenuidade de cerimônia.
Vai, segura-os pelas orelhas,
vai correndo com eles.
Há de haver alguém — não é mesmo? — tão pródigo
que te dê por usá-los
o troco de meu dia.

ESTAR SÓ

Um desventurado estar só,
um venturoso à beira de si mesmo.
Que menos? Que mais sofres?
Que rosa pedes, só aroma e rosa,
só tato sutil, só cor e rosa,
sem árduo espinho?

HORA NOSSA

Uma hora que cresce como uma árvore,
que com os mesmos ramos de pavor
encosta no céu,
sua púrpura angustiosa,
uma hora que cresce como uma árvore.

Que não cabe em olvido e que nos cuida
e nos vigia como a fruto próprio.
De quem ao ir-nos nos despediremos?
Quem ficará esperando inutilmente
nessa hora de final paciência?

DORMIR À NOITE

Agora deixo a luz,
tomo o caminho pelo qual
assídua segue enfurecida a sombra,
dou meu nome e porquês,
a pretensão de júbilo,
as horas celebradas
nas quais eu fui nascendo
e apresento meu dia
como um pássaro ferido e terminal.
Depois o quê, aonde,
depois do sono reclamado
e do ai final de despedida?
A fábula encerrada
dobra suas verdes folhas e seu céu,

arquiva a tarde por recém-usada,
os ventos e as palavras que se ouviram.
Aqui está o lento rio,
imagem fiel de outra corrente
sem entrevista luz nem ruído algum,
sem carícia de amigo nem morna pele perto.
Ávido o corpo espera,
um estrelado vento vem
e o corpo não responde.
Cego como sino abandonado
não sabe quanto amor está guardado
em meio à grave noite,
e quanta vida nasce e quanta morre
sob a chuva de seu escuro pó.
Oh estancado, vazio corpo só,
sem memória natal e sem presságios,
longo navio que não chega,
ponte entre sombra e sombra
mudamente estendida.

AGOSTO, SANTA ROSA

Uma chuva de um dia pode não acabar nunca,
pode em gotas,
em folhas de amarela tristeza
ir trocando nosso céu todo, o ar,
a luz por turva inundação,
triste, em silêncio e negra,
como um melro molhado.
Desfeita pele, desfeito corpo de água

desmanchando-se em torre e para-raios,
me sobrevém, vem sobre mim, e tem
várias vezes minha altura,
molhando-me, rugindo, partilhando
minha roupa e meus sapatos,
e mais minha única lágrima tão descontrolada.
Olho essa tarde de hora em hora,
olho de buscar seu rosto
com terna proposição de acento,
olho de perder-lhe pavor,
mas me dá as costas já posta a anoitecer.
Olho tudo tão ruim, tão acérrimo e fosco.
Que fácil desalmar-se,
ser com perfeita educação de pedra,
ficar só, gritando feito uma árvore,
por todo ramo temporal,
e morrendo de agosto!

O POÇO

Esse poço, que medo,
que sobressalto escuro.
Sob a noite sozinhos,
usando as palavras
como inconscientes varas
para tocar o outro.
O outro: não nomeá-lo
e nem sequer pensá-lo.
Se eu pudesse negar
esse acabar-se tudo

esse desarvorado
amanhecer do mundo
que chegará algum dia...
Mas a sombra regressa
sempre com os recados
desse abismo de espanto,
sem lugar e sem cores,
sem música e sem vento,
com nada além de um nome
e as lágrimas todas
do homem que circundam.

AR INIMIGO

Quisera com pedra e mão
ferir o ar, o ar
que com seca cobiça me contempla
como um lugar possível,
anel para bodas mortais.
Está morno de corpos
que rastreou
rumo a todos os riscos,
cruel adivinho de mortes, nascimentos.
Quem passa pela vida como dono,
quem não chega ao encontro,
quem incólume canta?
Aqui o ar parece um cão faminto,
pronto a lamber o círculo ralo dos meus sonhos,
— Não encosta no que é meu, não fareja,

não cava quando o barro quer se tornar destino,
não toma as medidas de minha sombra,
não deposita rosas sobre meu nome ainda!
O pó ainda está unido pelo sangue,
a vida como um galho facilmente disperso
conserva seu cíngulo de lágrimas.
Deixa que eu decida ainda meu lugar,
deixa, nó de tempo e sombra,
que eu me amanheça.

PERGUNTAS

És capaz de contar a cor da chuva,
os graus da ausência por seu peso de sombra?
Aceitas, quando descem do céu
os anéis do tempo,
o modo como cingem tua infância, tua pele ou teus herbários?
És capaz de ver abater-se a escada de pó
por onde tua alegria havia crescido em nuvens,
sem estupor voltar ao mesmo sonho,
sem sonhá-lo voltar ao mesmo ponto,
e não gritar e não gritar?
Uma volta de vida, um giro sob o sol,
e um mundo de fantasmas perdeu o sentido.
És capaz de viver e esquecer que é jogo,
esquecer sua secreta razão e estar morrendo?

ANIVERSÁRIO

Ano que volta,
aniversário, espelho
batendo fidelissimamente
por sua imagem,
mordendo, destruindo
para levar com que
construir um fantasma.
Passa, flecha central,
flecha sem peso;
tudo permanece igual,
mas há cinza, há fumaça,
há escamas e olvidos
sobre coisas
e há relevos
que a sombra carrega
a uma glória maior.

ENCONTRO E PERDA

Vai-se a tarde de hoje,
perderei as graças oferecidas.
A memória entreaberta
aponta uma pradaria fresca do tempo antigo
para nela afundar,
para voltar por ela,
até a idade sem pressa nem cansaço,
despertá-la, pedir-lhe suas promessas,
recuperar minha alma doce,

minha confiança,
o fogo aquele sem fumaça ou agonia.
Mas chega o entardecer
como chuva total para desmanchar
o tempo no qual pude renascer
— ou morrer — para algo eterno.
Tudo treme:
um último raio de sol nos terraços,
uma ilha de nuvem, um só pássaro;
tudo corre, se organiza, se concerta
em um signo preciso de abandono,
para apagar a festa aqui,
para ir mais longe,
as tochas entregar em outras mãos.
Tudo estava ao meu alcance,
tudo de repente é nada.

SOBREVIDA

Dá-me noite
as acordadas esperanças,
dá-me não mais tua paz,
dá-me milagre,
dá-me no fim tua parcela,
porção do paraíso,
teu azul jardim fechado,
teus pássaros sem canto.
Dá-me, assim que eu feche
os olhos de meu rosto,
tuas duas mãos de sonho

que encaminham e gelam,
dá-me com que encontrar-me,
dá-me, como uma espada,
o caminho que passa
pelo gume do medo,
uma lua sem sombra,
uma música entreouvida
e já aprendida,
dá-me, noite, verdade
para mim só,
tempo para mim só,
sobrevida.

MUDANÇAS

Pode trocar a vida
seus ramos, como a árvore
troca os seus e sai do
verde e chega ao outono.

Pode, pilar escuro,
suplício escuro, pode
recobrir-se de frutos
como um mês de verão.

Ah, pode também cair,
cair não sei até onde,
como cai o poema,
ou o amor à noite

até não sei que fundo
duro e cego e terrível,
tocando a água mãe,
o manancial do medo.

FIM DE FESTA

A branca mesa posta de esperança,
o pão, a fruta, a água, nossos sonhos,
o dispendioso amor posto nos pratos
serão festa e temor e turvamento,
ficarão sendo diário dom e dívida
durante não sabido prazo, ainda?
Sempre a xícara ardente ali na mesa
e a fome alegre, à frente e companheira?
No fim há de dizer: este é o dia,
os produtos da terra se acabaram,
eis que amanhã encontrareis substâncias
inúteis e um pão equivocado,
taças vazias, em que o tempo passa
a arrepender-se do que aconteceu,
um doloroso mal-estar do ócio,
e uma minguante nuvem de palavras
alheias, a chover em nosso pó.

Título original dos livros reunidos nesta antologia:
*Trema, Procura de lo imposible, Sueños de la constancia,
Oidor andante, Cada uno en su noche, Palabra dada.*

© Ida Vitale, 2020

Este libro fue publicado gracias al Programa Ida de Uruguay XXI y el MEC.
Este libro foi publicado garças ao Programa Ida do Uruguay XXI e do MEC.

Uruguay XXI
PROMOCIÓN DE INVERSIONES,
EXPORTACIONES E IMAGEN PAÍS

**Ministerio
de Educación
y Cultura**

EDITORA
Laura Di Pietro

PRODUÇÃO EDITORIAL
Juliana Farias

CAPA, PROJETO GRÁFICO E COMPOSIÇÃO
Marcelo Pereira | Tecnopop

ILUSTRAÇÃO DE CAPA E MIOLO
Ana Cartaxo

FOTO DA ILUSTRAÇÃO
Demian Jacob

CURADORA (Literatura latino-americana)
Belén Carballo

Este livro atende às normas do Novo Acordo Ortográfico em vigor desde janeiro de 2009.

Dados internacionais de Catalogação na Publicação (CIP)

```
V836n
      Vitale, Ida, 1923-
         Não sonhar flores / Ida Vitale ; tradução
      Heloisa Jahn. – 1. ed. – Rio de Janeiro : Roça
      Nova, 2020
         264 p. ; 23 cm.

         ISBN 978-65-87796-10-9

         1. Poesia uruguaia. I. Jahn, Heloisa, 1947-
      II. Título.
                                        CDD U861
```

Roberta Maria de O. V. da Costa – Bibliotecária CRB-7 5587

[2020]

Todos os direitos desta edição reservados à
Editora Roça Nova Ltda
+55 21 997860746
editora@rocanova.com.br
www.rocanova.com.br

Este livro foi composto em Documenta, projetada por
Frank E. Blokland, e impresso em papel Pólen Soft 80 g/m²
pela gráfica Vozes em dezembro de 2020.